乐龄悦读 180

LELING YUEDU

浦善新 主编

中国社会出版社
国家一级出版社 · 全国百佳图书出版单位

图书在版编目（CIP）数据

乐龄悦读．1801／浦善新主编．—北京：中国社会出版社，2018.4

ISBN 978－7－5087－5955－5

Ⅰ．①乐…　Ⅱ．①浦…　Ⅲ．①老年人—生活—知识
Ⅳ．①Z228.3

中国版本图书馆 CIP 数据核字（2018）第 082342 号

书　　名：乐龄悦读 1801
主　　编：浦善新

出 版 人：浦善新
终 审 人：胡晓明
责任编辑：马潇潇　陆　强　　**责任校对：**魏光洁

出版发行：中国社会出版社　**邮政编码：**100032
通联方式：北京市西城区二龙路甲 33 号
电　　话：编辑室：（010）58124846
销售部：（010）58124846
传　真：（010）58124856
网　　址：www. shcbs. com. cn
shcbs. mca. gov. cn
投稿邮箱：LLYD2017@ 163. com
经　　销：各地新华书店

中国社会出版社天猫旗舰店

印刷装订：保定彩虹印刷有限公司
开　　本：185mm×260mm　1/16
印　　张：11
字　　数：190 千
版　　次：2018 年 4 月第 1 版
印　　次：2018 年 4 月第 1 次印刷
定　　价：35.00 元

中国社会出版社微信公众号

《乐龄悦读》编委会

Contents

·目录·

防病自助

治病有方

养生宝典

老有所乐

老有所为

古今中外

百善纪事

老年人选择服装的技巧

◉ 魏永琴

人与人在形体上各有不同，高矮胖瘦千百种，形体不同就意味着服装选择上要有不同的侧重。

对于身材高大的中老年人来讲，在服装选择与搭配上，要注意上衣适当加长以从视觉上降低高度，切忌穿太短的上装。服装款式不要过于太复杂，适宜穿横条或格子上装。服装色彩宜选择深色、单色为好，太亮太淡太花的色彩有一种扩张感，就显得身材更高大了。

对于身材矮小的中老年人来说，通过服装的搭配应让自己显得身材高大一些，故上衣不要太长、太宽，裤子不能太短，裤腿不要太大，裤子能盖着鞋面最好。服装色彩宜稍淡、明快柔和些为好，上下色彩一致可给人身材修长的感觉。服装款式宜简洁，忌穿横条纹的服装。V形无领外套比圆领外套更能营造修长之感。

体型比较胖的中老年人，服装搭配上应以显瘦为主，故不能穿太紧身的衣服。以宽松随意些为好，衣服领以低矮的V形领为佳，裤或裙不宜穿在衣服外边，更不能用太夸张的腰带，这样容易显出粗大的腰围。颜色上以冷色调为好，过于强烈的色调就更显胖了。忌穿横条纹、大格子或大花的衣服。

偏瘦的中老年人在搭配服装时，要以“丰满”为主要考虑内容。不要穿太紧身的服饰，服装色彩尽量明亮柔和，太深太暗的色彩反而更显瘦弱。可选穿一些横条、方格、大花图案的服饰，以达到“丰满”的视觉效果。

另外，中老年人在选择服饰时还应注意服装要与年龄相吻合。应穿得庄重严谨些，不要追求时尚、前卫。要认识到，中老年人有着年轻人无法企及的成熟美，服饰的选择唯有适应这种美的呼应，方能创造出服饰的神韵。

一双合适的鞋对老年人很重要

◉李奇峰

鞋子对老年人足部健康影响很大。不合适的鞋会导致大拇脚趾外翻，还易增加扭伤脚的风险，甚至造成骨折。所以为老年人选择一双舒适的鞋很重要。

第一，保暖性能好。脚离心脏远，血液供应量较少，脚部表面脂肪层又薄，人的脚部表层温度降到15摄氏度以下，就容易引起上呼吸道感染等疾病，脚温低于零摄氏度时，就会造成冻伤。脚温应保持在28～32摄氏度。

第二，透气性好。老年人脚部皮肤湿气散发量为每12小时15～40克，若湿气滞留在鞋内超过4～5个小时，脚越潮湿，散失的热量就越多，进而就易导致着凉和感冒。

第三，防滑性好。体重超重的老年人，应将鞋后跟适当垫高两厘米，这样既轻便又可维护足弓，还可防止打滑，最好穿布底鞋，“千层底”更佳。

第四，要穿轻软的鞋。老人平时应以穿布鞋为宜。要是外出游玩，最好穿旅游鞋、健身鞋、休闲鞋。这种鞋具有轻便、柔软的特点。

中老年朋友社交场合服装搭配原则

◉苏仲来

中老年人在社交场合选择着装服饰时除了与体型身材协调外，还应注意与年龄相吻合。不要一味追求穿上某件衣服就一定要显得年轻的诉求，这样反而会适得其反、不伦不类。

一、个性原则：个性原则指中老年人在社交场合对个人形象的诉求。就着装而言，有两点在服装搭配上是要注意的。第一就是不要盲目跟着年轻人去赶时髦，尤其很多时装在设计的时候过于追求张扬，而没有考虑到中老年人的社会角色特点，导致衣服穿在身上会不伦不类。第二就是要穿出中老年人自己的个性。中老年人历尽生活的洗礼，不论从文化、职业、教育等背景都有着自身的特点，因此对服饰选择应符合中老年人气质要求，既要符合个人气质，同时通过服饰更表现个性气质。

二、整洁原则：整洁对于中老年人而言其实可以理解为“干净”二字，其实这是服装搭配上根本的原则。一个穿着整洁的人总能给人积极向上的感觉，总是受欢迎的，尤其是对中老年人而言这一点尤为重要。

整洁并不意味着穿得高档时髦，只要保持干净合体、全身整齐，服装质地优良、裁剪得当便可。

三、和谐原则：所谓和谐原则指协调得体的原则。一是指服装的选择要符合自己的体型特点；二是指服装的选择要与自己的年龄相符合。

高血压病人饮食有道

◉ 魏杰峰

饮食对高血压病人有着一定的影响。病人经常食用一些高钾低钠或无钠盐的食物，可起到协同降压作用，如芹菜、冬菇、紫菜、冬瓜、木耳、花生、洋葱、苦瓜、荸荠、大蒜、海参、蜂蜜、苹果等都是高钾低钠的食物。此外，含碘较多的海产品，如海带、海苔、虾皮等，对动脉硬化有一定的改善作用，因为碘是防止动脉硬化的重要元素。

高血压病人要多吃蔬菜。蔬菜对高血压病人有益，它含有大量的维生素C及果酸，能使体内多余的胆固醇排出体外，从而有效地预防动脉硬化。蔬菜中含极少钠盐而含较多钾盐，而钾对血压的降低起着一定的作用，因此多吃蔬菜可以让钠盐比例下降、钾盐比例上升，起到降压的作用。公认有利于降压的蔬菜有西红柿、芹菜、海带、莼菜、木耳、荸荠、西兰花、莲菜、海菜、香菜等。

水果对高血压病人有好处。水果和蔬菜一样，含有多种维生素和钾、镁、铁、钙等矿物质。水果中的维生素P含量较高，可降低血液中胆固醇的含量，还可增加血管壁的抗病能力，对高血压、脑出血有一定的预防作用；维生素E被誉为抗衰老剂，它有加强血管的功能和抗凝血作用，对有冠心病及脑供血不足的高血压病人大有好处；镁不仅能防止高血压病的发生，还能治疗高血压病，等等。对高血压有防治作用的水果很多，如西瓜、柠檬、橘子、山楂、柿子、苹果、猕猴桃、杧果、葡萄、大枣等。

高血压病人要低盐饮食，因为高盐可使血压升高。世界卫生组织建议，每日食盐量应控制在6克以下。

高血压病人要控制脂肪膳食。因为高胆固醇的食物与动脉硬化有关，故高血压病人要控制食用含有胆固醇较高的动物脂肪制成的食品。而植物油中主要含不饱和脂肪酸，它在人体内经过一系列的变化，被吸收利用，能使血管扩张、血压降低，可防止血栓形成，还有抗动脉粥样硬化的作用。

高血压病人饮酒越少越好。研究表明，饮酒与高血压有关系，如饮酒量增加，血压也随之升高；重度饮酒者的脑卒中死亡率，比不经常饮酒者高三倍。因此，世界卫生组织最近再次提出“饮酒越少越好”的口号，以警示高血压病患者。

高血压病人饮茶宜淡不宜浓。茶叶含有鞣酸、茶碱、茶多酚、维生素 C、维生素 P、维生素 B 及咖啡因等成分，具有兴奋神经、增强心肌收缩力、增强血管韧性和弹性、利尿、降低血压等功效。但是，如饮大量浓茶，可加快心率，增加心脏负担，这对已有脑动脉硬化和高血压的患者是一种潜在的危险，很有可能促使脑血管意外的发生。此外，高血压病患者往往伴有失眠，睡前饮浓茶可能影响睡眠。

乐龄信箱

老年人饮食十大注意

老年人由于自身机体老化，或者疾病缠身，很多时候在饮食上需要有所限制。因此，老年人吃饭时有以下几点注意事项。

1. 饭菜要香。老年人味觉、食欲较差，吃东西时常觉得缺少滋味。所以为老年人做饭，要注意菜的色、香、味。

2. 质量要好。老年人体内代谢以分解代谢为主，需用较多的蛋白质来补偿组织蛋白的消耗。如多吃些鸡肉、鱼肉、兔肉、羊肉、牛肉、瘦猪肉以及豆类制品。这些食品所含蛋白质均属优质蛋白，营养丰富且容易消化。

3. 数量要少。研究表明，过分饱食对健康有害。老年人每餐应以八成饱为宜，尤其是晚餐。

4. 蔬菜要多。新鲜蔬菜是老年人健康的朋友，它不仅含有丰富的维生素 C 和矿物质，还有较多的纤维素，对保护心血管和防癌、防便秘有重要作用，每天的蔬菜摄入量应不少于 250 克。

5. 食物要杂。蛋白质、脂肪、糖、维生素、矿物质和水是人体所必需的六大营养素。这些营养素广泛存在于各种食物中。为平衡吸收营养保持身体健康，各种食物都要吃一点。如果条件允许，每天的主、副食品品种应保持 10 种左右。

6. 味道要淡。有些老年人口重，殊不知盐吃多了会给心脏、肾脏增加负担，易引起血压增高。为了健康，老年人一般每天吃盐应以 6 ~ 8 克为宜。

7. 饭菜要烂。老年人牙齿常有松动和脱落，咀嚼肌变弱，消化液和消化酶分泌量减少，胃肠消化功能降低。因此，饭菜要做得软一些。

8. 水果要吃。各种水果含有丰富的水溶性维生素和微量元素。这些营养成分对于维持体液的酸碱度平衡有很大的作用。为保持健康，两餐之间应吃些水果 。

9. 饮食要热。老年人对寒冷的抵抗力差，如吃冷食，可引起胃壁血管收缩供血减少，并反射引起其他内脏血循环量减少，不利于健康。

10. 吃时要慢。有些老年人习惯于吃快食，不完全咀嚼便吞咽下去，久而久之，对健康不利。应细嚼慢咽，以减轻胃肠负担促进消化。另外，吃得慢些也容易产生饱腹感，防止进食过多，影响身体健康。

绝对独居影响晚年生活质量

◉任 瑞

有关机构对独居老人的生活进行调研，结果显示，他们的晚年生活质量不如非空巢组和夫妻同住组的老人。

调研从认知功能（即感知、思维、注意、智能、自知能力等）、人际关系、情绪情感、社会适应能力四个方面来调查老年人的心理健康状况。老人们在“认知功能”的得分上非常相近，几乎没有差别。在人际关系上，独居老人的得分明显低于其他老人，尤其在“从外界获得帮助与支持的满意程度”题目上得分较低。在“情绪情感”维度上，夫妻同住组的老人得分最高，非空巢组老人和独居组老人的得分相近。值得注意的是，在情绪因素中的“价值”一题上，独居组老人明显低于非空巢组和夫妻同住组的老人，表明独居老人价值感缺失。在“社会适应能力”一项上，夫妻同住组老人的得分最高，其次是非空巢组和独居组的老人。

另外，尽管三组老人在和子女来往程度上无显著差异，但独居老人认为子女应该更多地来看望自己。由此说明，独居老人在心理健康等方面显示出来的问题，主要是由长时间的“绝对空巢”环境所引发的。缺少子女的亲情和精神慰藉是引发空巢老人心理健康问题的主要原因。

因此，对于空巢老人（尤其是独居老人）的生活和心理状况，社会应该引起特别关注，给予他们更多的关爱是文明社会的责任。

为老年人设计好居室

◉谭 萍

人一旦上了年纪，居住空间所需承载的功能和特点也会发生相应变化。在国外，老人房的设计有特别的要求。与儿童房一样，老人房要采用环保级数最高的涂料，家具没有尖锐的棱角，洗手间要特别注意防滑，并装上电话，方便在任何有需要的情形下都能第一时间拨通电话。

灯的开关、床的高度、如何方便老人起夜是卧室安全最需关注的三个要点。电灯开关要设在老人伸手可及的地方，门口和床头都应有开关设置。床的高度应方便老人上下床，一般以40厘米为宜。对使用轮椅的老人，床面高度应与轮椅座位面平行。

为防起夜时发生意外，可在床头放一盏灯光柔和的小灯，以免强光伤害眼睛，影响老人的睡眠。在卧室放个夜壶，可以减少老人从卧室到厕所的行走过程，也能避免跌倒事件的发生。

由于老人的腿脚大都无力，特别是身体有偏瘫的老人，总是会拖着脚走，因此，哪怕是地面瓷砖凸起了一毫米翘角，对他们来说也是一个不小的障碍。因此，室内外应进行无障碍设计，尽量减少地面高度差，以利于老人行走。

老人房可多靠近厨房、生活阳台，以方便老人生活。阳台栏杆或护栏的间隔量不超过10厘米，高度要高过老人站着时腰的位置。栏杆或楼梯扶手的下方要装上高过脚踝的防护栏，防止老人的手杖不小心戳到栏杆外引发跌倒。

老年人如果腿脚不便，建议下楼时好腿在后，上楼时好腿在前，这样能在一定程度上缓解疼痛。

起夜应坚持“三个一分钟原则”，即：睁眼后在床上躺一分钟，慢慢坐起用一分钟，穿鞋到站起来用一分钟，以免血压、心率波动过大。

用柜子改变老年人的习惯

◉ 吕三洋

生活中，有一句话说得好，叫作“通过柜子的设计可以改变老人的习惯”。意思就是说，只要家里的柜子设计得合理，就会让老人把东西都合理收纳到柜子里面，还可以达到促进老人健康的目的。

柜子的尺寸和款式相当讲究，简单的五斗柜最符合老人的使用习惯，同时老人不便登高或弯腰，柜子和抽屉的高度应控制在80～150厘米，只要伸手即可，不用爬上蹲下。

柜子前面应至少留有一定的空间，以便老年人走动或下蹲取物。如果家中有乘坐轮椅的老人，柜子前面的空间就需要更大一些。值得注意的是，时下不少年轻人喜爱的岛台式橱柜，不适合老年人使用，因为它很可能会成为老年人摔跤的“罪魁祸首”。

老人柜子里最常用的储藏空间，最好不要设于顶柜的上层或地柜的底层，要尽量利用中层区域，这样方便老人将经常使用的物品摆在最显眼处。

老年人住房讲究多　合适面积才最好

◉ 筱　编

很多孝顺父母的年轻人，都想着老人家年轻的时候没有条件享受，到老了一定要让他们住上大房子。有孝心是好事，但是并不是房子越大越好哦！专家提醒，老人年纪大了，身体条件越来越差，房间大了活动不方便，比如说上厕所太远该怎么办？而且，房间越大，老人的心里越空虚。为了老人们真正实现安享晚年，应该从老人们的心理角度来进行老人房的装修设计。

人一旦迈入老年，身体各方面会发生不可逆转的衰退，变老是一个自然而然的过程。如何让父母优雅地老去，舒适地体验生活呢？给他们一个宜居之所是为人子女的孝顺方式之一。

我们要先了解老人们身体的各方面情况，才能有针对性地进行老人房装修设计。

老人生理问题：随着年龄的增加，人体机能的老化通过以下几点体现出来。

1. 神经系统：老年人常表现为记忆衰退、思维减少、反应迟钝、行动缓慢，平衡控制能力降低，容易失眠，前听觉功能减退，容易摔倒。那么，在进行地面装修设计的时候，选择防滑的材料最好。

2. 循环系统：老年人循环系统的变化最应该重视的是高血压。由于心血管病具有突发性，因此，在环境设计中对环境设施的无障碍化，通信设施和急救设施有很高的要求。在老人们触手可及的地方安装应急按钮，是个不错的选择。

3. 感觉系统：老花眼、白内障是老年人常见的眼部疾病。失明状态的人数到了老年急剧增加。进入老年，听力障碍的发生率也在增加，视觉功能和听觉功能出现障碍，会给老年人的生理和心理带来很大的影响。所以，老人房的装修风格要明亮舒适一些，不能太过昏暗。

4. 骨骼系统：老年人的骨组织处于萎缩和肥厚交错的状态。骨质疏松症是多发病，老年人特别是老年女子多发骨折。同时身高比青年时缩减 2.5% ~6%。老人房最好不要有台阶、楼梯之类的装修设计。

5. 肌肉系统：老年人的肌肉开始萎缩，肌肉力量减小，体力、耐力较青壮年时期大为降低。

6. 呼吸系统：老年人肺泡部分减少，肺组织弹力随着弹力纤维的减少而下降，换气功能下降，因此对室内空气流动的实际因素要重点考虑。可配备空气净化器来解决室内空气污染等问题。

了解完老人基本的身体状况后，提醒装修业主，在装修设计的时候一定要充分考虑老年人的身体状况。

有很多孝顺的子女给父母换了大房子，而在空荡荡的大别墅里生活的老人或许并没有儿女想象中那样快乐。那么，什么样的房子能带给老人真正的健康、快乐?

房子不是越大越好

四居、五居或是别墅类大户型对于老两口来说可能就大了，一定程度上会给老人造成困扰。例如，住在别墅里的老人不得不在各层间爬上爬下，也许要在一层看电视，到二层睡觉，去地下室做家务，无形中增加了他们日常生活的负担，耗费许多体力。老人在大房子里常常不得不四处寻找东西，刮风下雨时则担心家中上上下下的窗户是否关好。

房子过大虽然并不一定会直接导致抑郁症，但确实也出现过这种情况。老人身体和精神状况变差，子女不在身边，内心空虚，情感无处寄托，再加上房子大而空，就可能会诱发心理问题和抑郁情绪。

在国外，老两口独居大房子的情况较多见，他们通常是以房养老，将自己空余的房间平价出租给年轻人，一来可以增加老人收入，二来减轻年轻人的房租压力，三是老少两代之间还可以相互照顾。

房子多大依习惯而定

老年人选择养老住房时，应根据自身的长期居住习惯与身体条件做出决定。例如，习惯一起睡的老两口可选择一室一厅；习惯分着睡的老两口可选择两室一厅，哪怕卧室小一点儿也行。

除了考虑户型和面积外，建议选房时还应综合考虑以下几点：首先是朝向，起居、卧室最好都朝南；其次是良好的通风，南北对流最好；最后是有阳台或大窗户，给老人一个养花晒太阳的场所和开阔的景观视野。这样不仅可以培养他们的生活情趣，也会给常在屋里不方便出行的老人带来好心情。

适老改造，消除风险

建议一般在75岁之前（老人身体状况尚好的时候）对他们的住宅进行一次装修改造。改造时要考虑到未来身体机能下降需要被照护时的使用需求。例如将门扇的宽度扩大，保证轮椅可顺利进出；卫生间淋浴可考虑改装一个浴帘，以留出空间方便护理的人帮助老人洗浴；等等。装修方面可以着重注意以下几点。

一、尽量消除高差

不仅是方便老人日后使用轮椅，

更是避免意外摔倒受伤。特别是那些常人看来微不足道的小坎，往往是造成老人摔伤的罪魁祸首，例如各个房间之间，房间与阳台之间，房间与走廊、过道之间存在的一些台阶、门槛等。

二、卫生间的改造

卫生间是住宅中老人可能出事最多的地方，卫生间的地面材料最好保持其即使遇水后也能防滑。要注意做好干湿分区，把淋浴区处理好，不要让水轻易流出来或被带出来。一般老人住宅中不用安装浴缸，因为老人进出浴缸时很容易跌倒。淋浴和坐便器旁最好安装扶手。

三、谨慎选择家具

不要选择太大、过于沉重的家具，最好是根据老人的身体条件选择能够搬动的家具。家具要选圆角的，60 厘米以下的低处不要选玻璃门。

装修布局、硬装、软装要点

一、老人房装修布局影响

老人房设在什么位置也很讲究。许多业主在装修时，如果是别墅，老人房的位置大多是在一楼，因为不用爬楼梯；如果是洋房，老人房多是靠近厨房、生活阳台。建议，老人房可以与其他房间分开布置，这样生活习惯不同也不会互相影响。但是也不要让老人房太孤立，要注意方便互动、增加和睦。此外，一些老人怕冷，尤其是南方一些地区冬天多是阴湿的天气，所以可以考虑在老人房里面做地暖。

二、老人房装修硬件注意事项

材料选择注意环保，尽管所有的装修都要做到环保，但是对老人和儿童的住房提出了更严格的要求。比如环保标准要求与学校、幼儿园一样，老人房所用的涂料、板材家具，要格外注意环保标准，如选择涂料一定要看“VOC”。此外，房间的动线设计要流畅合理，从进房间到床，到去卫生间，到写字台等各个区间，不要有太多弯绕。

三、老人房装修软性装饰

老人都有很多东西需要收纳，可以专门做个陈列墙（架），用来展示具有纪念意义的物品，如果没有特别的需求，做好收纳也是必需的。“通过柜子的设计可以改变老人的习惯”，这句话可以这样理解：柜子设计得好看、合理，就会让老人把东西都收纳到柜子里面，既保证房间的整洁，减少灰尘细菌，也保证了老人的健康。

四、老人房装修注意细节

洗手间除了防滑，要用坐厕，淋浴区要有座位，还要有扶手，有条件的最好装上电话。防滑方面，除了做出防滑的纹理，还可以将淋浴区的四周做出凹槽，让水流走，减少了滑倒的可能性，此外还可以铺一块防滑垫。

老人房装修设计要点

人在进入老年以后，从心理到生理上均会发生许多变化。在进行老年人房间的装饰设计时，首先要了解这些变化和老年人的特点。

一、门窗要隔音

老年人都喜欢安静，老人房装修最基本的要求是门窗、室内墙壁隔音效果好，不受外界噪声影响。因为老年人大多患有老年性疾病，即使是有些音量较小的音乐，对一些老年人来说也是“噪声”。所以一定要防止噪声的干扰，否则会造成不良后果。

二、家具要“圆滑”

老年人一般腿脚不便，为了避免磕碰，那些见棱见角的家具应越少越好。在所有的家具中，床铺对于老年人至关重要。南方人喜用“棕葛”，上面铺褥子；北方人喜用铺板，上铺棉垫或褥子。

有的老年人并不喜欢高级的沙发床，因为它会“深陷其中”，不便翻身。钢丝床太窄，有弹性，不适合老年人。老年人的床铺高低要适当，应便于上下、睡卧以及卧床时自取床边的日用品，不至于稍有不慎就扭伤摔伤。

三、色彩要“沉稳”

老年人的另一大特点是喜欢回忆过去的事情，所以在居室色彩的选择上，应偏重于古朴，选择色彩平和、沉着的室内装饰色。墙面与家具一深一浅，相得益彰，只要对比不太强烈，就能有好的视觉效果。

四、材料要“安全”

老年人腿脚会有些不利索，所以老年人住宅装修的地面应采用防滑材料。例如：厨卫应采用防滑瓷砖，其他地面可采用木地板、塑料地板、橡胶地板或地毯。地面材料要选择防滑性好的材料，目前这类材料主要有拼木地板、地毯、石英地板砖、凹凸条纹状的地砖及防滑马赛克等。局部地毯边缘翘起会对老年人行走和轮椅造成干扰。应避免使用有强烈凹凸花纹的地面材料。室内避免采用反光性强的材料，以减少眩光对老年人眼睛的刺激。墙面也不要选择过于粗糙或坚硬的材料，最好处理成圆角或用弹性材料做护角，避免磕碰。

老年人旅游住宿注意事项

◉ 姜锦海

老年人旅游，住宿是要特别关注的，它关系到老人的身体健康和旅游质量。下面归纳几条老人旅游住宿的注意事项。

1. 领到房卡后，要用其将房门打开，然后将房卡插入取电处，此时室内的灯光就会全部点亮。如果还有没亮的灯光，就可以通过开关来点亮。接下来，要注意清点一下随身携带的包裹物品。

2. 对照酒店的须知，查看一下室内的设施和备品，看是否齐全，有无损坏。如果有异常，就要立即打电话告知服务台，然后等待服务人员检查。同时，还要分清免费用品和收费用品。

3. 到境外旅游，酒店内的电源插座和大陆的有可能不一样，要事先准备一个特制的三相插座，也可以在服务台交押金免费租用。另外，如果需要充电的设备有几件，最好再自备一个小插排，插座的电压是不同的，要看清楚再用。

4. 劳累了一天，睡得会很深。入睡前最好将手机调好闹铃，以便和叫早电话一起来个双保险。早晨起床后，洗漱穿戴动作要快，还要检查所有的物品是否都收拾好了。有的人习惯于将贵重物品和钱包放在抽屉里或枕头下，因此，起来后要里里外外、反反复复地检查。

5. 千万不要在房间（特别是卧床）吸烟。因为很多房间配备了烟感装置，吸烟容易启动喷淋设施，也容易引发火灾。

6. 将房间的门锁好，并且要将门上的安全保险插上，不是熟人一定不要开门。

7. 遇到身体不适时，忍着或自作主张都是行不通的，唯一正确的方法就是马上给领队或导游打电话，他们会全力帮助你的。

8. 由于白天旅游行走的时间和距离较长，而且出汗又多，腿脚会很疲劳。因此，睡觉前除了洗澡外，最好用热水泡泡脚，睡觉时再把两脚垫高，这样不仅可以缓解疲劳，而且能促进血液循环，有利于增强心肺功能。

事故发生之后……

◉ 李威海

1980年深秋的一个傍晚，天空下着绵绵秋雨，我们乘坐212吉普车（俗称小北京）赶往数十里外的某仓库。车上除司机外，还有司令部战勤科的陈副科长、仓库的一个军医和我。

山里天黑得早，加上下着小雨，六点多钟天就黑了。借着车灯射出的光线看去，路两旁的丘陵黑黢黢的，砂石公路穿行其间，随坡就谷，时起时伏，路上很少见到车辆和行人。

车开了很长时间，轮胎与砂石路“沙沙沙”的摩擦声那么单调，催人生倦。

远处有两个刺眼的大灯，灯光越来越近，看出迎面驶来的是一辆拖挂车斗的拖拉机，发动机发出轰轰隆隆的巨响。两车司机按交通规则会车时关闭大灯，待两车错开后再打开大灯。就在我车车灯亮起的瞬间，突见拖拉机后边窜出来一个人。那人扛把锄头，想抢在我们前面穿过道路。

惨白的灯光闪现细密的雨丝，那人被灯光晃得眯着眼，惊恐地看着我们……危险近在咫尺，我车司机紧急刹车，巨大的惯性把我们狠狠推向前面。我坐后排，头狠狠地撞在前排座椅靠背上。与此同时，吉普车把那人撞倒在地。

这惊恐的一幕永久定格在我脑海中。

我们都吓呆了，没人说话，也没人下车。少顷，反应过来的我们跳下车察看情况。

借着车灯的光线，我们看到倒在地上的大爷穿件黑棉袄，旁边有把锄头，看样子是下地回来。他呼吸急促，痛苦地呻吟着，嘴里和耳朵里流出涓涓鲜血……

军医立即检查大爷的情况，他查看大爷的瞳孔，又摸摸他的颈动脉，表情凝重地起身，看了陈副科长一眼，没有说话。我从他无望的眼神中读懂：大爷没救了。

我见大爷在流血，小声提醒军医是否应该给他止血，军医轻轻摇头，示意不用了。我有些奇怪，心想：你是军医，大爷在流血，你应当立即止血啊，这是常识。

事后我把当时的疑虑告知军医。他对我说，大爷的伤情是撞击引起的颅底骨折，七窍流血就是典型特征。这时如果给伤者包扎止血，血液滞留在颅内，会增加颅压，反而会加快死亡。

此时拖拉机已经驶去，公路上再无车辆行人，公路附近也不见村庄。在这前不着村后不着店的地方，面对这一突发情况，我们不知如何是好。

几分钟后，终于来了一个人，我们忙问他是否认识被我们撞伤的人。那人一看大惊失色，说是他们村的人。我们让他快去通知伤者家人，我们在这里等他，那人答应着跑去了。

这时，驶来一辆拖拉机，陈副科长拦下它，向司机打听这里离公社有多远以及公社能不能打电话等情况。得到司机的答复后，陈副科长让我们等在这里，他搭乘拖拉机去公社给仓库打电话报告情况，同时给县交通队打电话。

陈副科长搭乘拖拉机走后，这里只剩我、军医和司机三人。我们守着伤者都不说话，也不想说话。这种情况，不管是谁的责任都很麻烦。荒郊野外，无处求助，附近又没有医院，眼睁睁地看着大爷躺在地上，却毫无办法，我们又急又悔。

我听说很多事例，车辆肇事后，伤者或死者家属情绪激动，围堵车辆、打骂司机的情况都有。有的家属会赖上你，狮子大张口，漫天要价，赔偿金达不到他们的要求就没完没了，甚至抬着尸体游街闹事……我越想越怕，头次遇到这事，真不知怎么办好，更担心过会儿村里来人会闹事。伤者家属来了万一控制不住情绪，真要打我们，怎么办？我们只能挨着，不能还手，否则会更激化矛盾。

想到这里，我叮嘱军医和司机说："待会儿村里来人，他们要骂咱们、打咱们，咱们千万不能还嘴、还手啊……"

军医和司机频频点头，说："知道，知道。"

远处人影绰绰，灯光闪烁，隐约听到人们在大呼小叫。村里人来了，跑在前面的是大爷的老伴儿和几个子女。他们抱着大爷，哭着呼喊他，大爷没有一点儿反应。

人越聚越多，我觉得自己不能无动于衷没有表示。我怀着忐忑之心，过去俯身对大爷的老伴儿说："大娘，对不起。刚才会车我们把大爷撞倒了，我们已派人向交通队报告了，待会儿部队也来人，很快就把大爷送去医院……"

大娘和子女们只是低头痛哭，不理睬我。村民们围拢过来问怎么回事，我将经过简单说了一遍。村民摇头叹息着，不再说什么。很快这里就聚集了上百名村民。他们只是静静地观望，没有过激行为，我们提着的心稍稍放下一些。

秋雨淅淅沥沥地下着，我们在雨中等待交通队来人处理事故。衣服慢慢淋湿了，但我们谁也不进车里避雨。

夜色深沉，荒郊野外，秋雨凄凄，寒凉刺骨，面对伤者，愧对百姓，此时此刻我的心境好悲凉，好凄惨。

这时，我见大娘对身边女儿低声说了两句，孩子转身离开了。不一会儿，大爷的女儿拿着几件雨衣来了，对我说："解放军叔叔，下雨呢，穿上雨衣吧。"她的话令我好感动。她的亲人被我们撞伤不知死活，她不但不埋怨我们，还为我们着想，怕我们淋雨，给我们送雨衣来。多好的老乡啊，她们以德报怨，是那么淳朴厚道。

我们愧对大爷家人，执意不穿雨衣。大爷的女儿几乎在哀求我们，说："解放军叔叔，你们穿上吧，穿上吧……"

我眼睛潮湿了，不敢面对她，不敢看她的眼睛，悄悄躲到车后。

仓库的车终于来了，同来的还有仓库领导和有关人员。陈副科长也搭车从公社回来了，仓库政委和他商量一下，决定让我们先回仓库去，他们留下来处理事故。

我们回到仓库已经很晚了，我们急于知道事故的处理情况，都没歇息，等着处理事故的人们回来。仓库领导劝我们先休息，说处理事故的人回来他马上告诉我们。

没睡多会儿我们就被叫起来，交通队来人找我们了解情况和取证。

可能怕我们串供吧，交通队的警察分别找我们了解情况。他们还挺和蔼，例行公事地询问我们从哪儿来，到哪儿去，什么时间出发的，车上有什么人，司机喝没喝酒，路上遇到什么情况，撞人时司机采取什么措施……我把知道的情况如实告知，警察认真记录，最后让我在记录上签字。

我问警察，大爷现在怎么样了？警察看我一眼说："已经死了。"我难过得一时不知说什么好。生命如此脆弱，眼睁睁地看着大爷倒在我们车前，而我就坐在车上……

交通队判定事故双方都有责任。仓库领导主动申明，死者家属提出的条件只要在合理范围内都可以满足。这里是老根据地，比较贫穷，百姓生活艰苦，遇到这事，他们提多高的赔偿要求都可以理解。

我们深感意外的是，死者家属竟没提任何额外要求，真让我们想不到。多少交通事故，死者家属都狮子大张口，借机发财，提出许多难以满足的无理要求。像大爷家这样不提任何要求的真是少之又少。他们越这样，部队就越过意不去，执意让他们提要求，并说一定会满足他们。

这个县仅有仓库一个驻军单位，因此军地关系不错。仓库领导就请县政府领导给死者家属做工作，希望他们提出赔偿等要求。县领导说：

“我们这里是老根据地，群众基础好啊，群众对共产党、解放军有很深的感情。像大爷这家，他们说这事不能全赖部队，他们也有责任，就不提啥要求了。”

最后地方领导的意思是，考虑到这种情况，既然死者家属不提要求，建议部队在安葬死者时多给些照顾，在可能的情况下给死者家一些经济赔偿。

部队当然满口答应。

后来我了解到，仓库领导专程去死者家探望和送赔偿金，死者家属无论如何也不肯要，说人已死了，要钱没用。

死者办丧事的时候，仓库给大爷穿了里外三新的全套新军装，铺的盖的都是军用被褥，还给家里送去米面肉油。

事情到此也算处理得比较圆满。办完大爷的丧事后，大爷家属把部队送给大爷陪葬的衣服被褥拆洗干净送回来了。他们说这些衣服被褥都是新的，烧了可惜，就没给大爷穿用。还说部队的东西是国家的，要还给部队。

我听说后心潮涌动，啊！这就是沂蒙根据地的老百姓啊！他们的质朴善良、宽容大度深深感动了我。

这次经历令我终生难忘，更让我受益终生。

破釜沉舟与洪水搏斗

◉ 筱　编

1976 年 7 月中旬，辽宁省辽中县辽河大堤决口。作为全军第一机动部队、第一机械化师的一部分，我们部队担起了抗洪救灾的任务。

二营、三营在团参谋长的带领下，只用了半天的时间，就迅速到达了千里之外的辽中县。洪水就是命令，下车地点距决口处有四公里远，我们一口气跑上了大堤。数千米宽的决口处洪水滔天，堤北的村庄只看得见房顶，高粱也只露出了穗尖。两万多人的农民“大军”干了几天几夜却不见一点儿进展，装满了土的袋子填进去就打了水漂儿。看到如此严重的灾情，战士们的心紧紧地揪着。

7 月份的东北，水还是很凉的。战士们每人喝了几口酒，牵起一根沙绳，下水搭起两道人墙，二话不说开始抗洪抢险。在这场特殊的战斗中，我们不分白天黑夜，渴了喝口临时过滤的河水，饿了吃几块饼干，困了就在身后临时搭的小草棚里眯一会儿。当时谁都没有怨言，大家只有一个心思：拼！

由于部队的加入，大堤决口合龙得很快，一周的时间就只剩下百米了。问题也随之而来，决口处的风浪和水流更大了，挡人墙也无济于事，严重阻碍了抗洪进展，更直接威胁着辽中县几十万人口的生命安全。我和营长研究了一个新办法——“穿糖葫芦”。把装满的沙袋五个一组，用铁丝拧成一捆，每 10 捆穿成一串推下水去，既掀不翻又冲不走。

短短两天时间，决口就缩小到一间房的面积，此时“穿糖葫芦”也不管用了。如果不迅速合龙大堤，抗洪将前功尽弃。千钧一发之际，舟船部队做出了一个自我牺牲的决定：用沉一艘船来制服洪水这条“恶龙”，只要船一沉，战士一露头，决口两边的大军就立即填土。

这天上午，几万名民工和一千多名嘴唇发紫的官兵，都紧张地守在大堤周围，鸦雀无声。只听指挥长一声令下：“沉！”15 名训练有素的战士一个猛子扎下去，拔掉船底预先安置好的木塞。船沉下去了，但有五名战士没有出来，时间一秒一秒地过去了，1 分钟，2 分钟……5 分钟，五名战士还没有出来。指挥部紧急磋商后下令：“填！”只十几分钟，大堤就合龙了，但是现场并没有响起胜利的欢呼声。

后来，民工在下游打捞起了三名烈士的遗体，其余两名至今下落不明。两周的抢险结束后，我们乘车返回部队。在抗洪总结表彰会上，我受到了嘉奖。但是一想到五名牺牲的战士，我浑身不自在，和他们相比，我吃的这点苦、受的这点累算得了什么呢！我心中永远抹不掉这座抗洪大堤。它是英勇献身的烈士和抗洪军民的一座英雄纪念碑。历史会记着他们，辽中的祖祖辈辈也会记着他们。

难忘的“脱帽礼”

◉ 林玉华

当年在延安工作过的一些老通信战士，每当回忆起三十多年前，毛泽东同志为军委三局受打击的同志脱帽鞠躬的情景，仍不禁热泪盈眶。

那是 1945 年的春节，纷扬的瑞雪覆盖了延河两岸的山峦。一天，王诤局长兴高采烈地从枣园回到局部，给大家带回了一条好消息：明天要到枣园去给毛泽东同志拜年，各电台、总机除了当班的同志以外都去，毛泽东同志要亲自给大家讲话。消息一传开，同志们奔走相告，有些人激动得一夜都没有睡稳觉。

次日拂晓，分散在西川里的通信战士，陆续从四面八方朝着局部裴庄汇拢而来。队伍在延河畔集合好，王诤同志亲自带队，秧歌队走在最前面，后面是通信材料厂的工程师、技术员，军委总台的报务员、调配员，通校的教员、学员，新华广播电台的机务员，以及有线电大队的电话员，恰似一条蜿蜒的长龙，迎着朝霞向枣园出发了。

在这浩浩荡荡的队伍中，绝大多数是从大后方和敌占区来的青年知识分子。“七七事变”后，他们激于民族的危难，怀着一腔热血，跋山涉水，冲破敌人的层层封锁，来到革命的中心——延安，寻求救国救民的真理。1942 年，毛泽东同志发动整风运动，清算了王明“左”倾机会主义路线，树立了党的理论和实践相结合，密切联系群众以及自我批评的优良作风。但是，在审干工作中，那个参加中央总学委领导的负责人，却背离了整风精神，继续推行王明的一套，搞了个所谓“抢救运动”，把从大后方和沦陷区来的大批青年干部，都打成了“派进来的特务”或“红旗党分子”。他们有的被关禁闭，有的遭受轮番围攻，有的还被送往中央社会部拘留审查。幸亏毛泽东同志及时发现了这一严重错误，提出反对逼供信和“一个不杀，大部不抓”的方针，才挽救了一大批革命同志。之后，尽管党组织做了一些善后工作，仍有许多同志终始背着沉重的思想包袱，有的忧郁沉闷，有的怨气重重，好像初春的禾苗遭到一场冰雪的袭击，多么需要春风的抚慰和阳光的照耀啊！

队伍来到枣园崖畔下的场坪上停下来，围成了一个大圆圈儿。不一会儿，头戴灰棉帽，身穿旧灰棉制服的毛泽东同志微笑着健步走到场中央。他高声说道：“三局的同志今天到这里来给我拜年，现在我先给你们拜年！你们辛苦了！”话音未落，激起了全场一片热烈的掌声。毛泽东同志首先强调了通信工作的重要性，赞誉通信战士是“无名英雄”，勉励大家要安心和热爱技术工作。然后，渐渐把话题转到了“抢救运动”方面。

毛泽东同志说：“你们当中有不少同志在运动中受了委屈，一些同志被戴错了帽子，大家有些怨气是不是?”毛主席亲切的目光扫视着人群，他接着说：“抢救运动是把敌人的力量估计过大，把自己的力量估计小了。搞得草木皆兵，‘特务’如麻，伤害了很多好同志。好在这是一场夜间演习，用的不是真枪实弹，用的是石灰包，夜间看不清楚，一时分不清敌我，打在身上留下几个石灰包印。天亮一看，原来打的是自己人，打错了。这时候，把石灰印拍掉，给你敬个礼，赔个不是：‘同志，我打错你了！’”毛泽东同志顿了顿，语气沉重地说：“这个错误的责任不在哪个单位的领导，责任要由中央来负，主要由我来负，因为我是发号施令的。同志们，我在这里给那些受了委屈的同志行个脱帽礼，向大家赔礼道歉了。”

说到这里，毛泽东同志摘下帽子，伸出胳膊，环顾了一下大家，工工整整地行了个鞠躬礼。啊，领袖给战士脱帽鞠躬了，这是多么平凡的形象，多么磊落的胸怀，多么伟大的风度。此时此景，那些在“抢救运动”中受了打击和冤枉的同志，一个个热泪扑簌簌地夺眶而出。

毛泽东同志接着幽默地说：“现在我把帽子拿下来了，赔一个不是，敬一个礼。那么受委屈的同志你怎么办呢？你应该还一个礼吧！你不还礼，我的帽子就只好老拿在手里。”

听着毛泽东同志这诙谐风趣的话语，场上的情绪立刻活跃起来，许多同志不由得会心地笑了。这时一股寒风吹来，拂起毛主席蓬松的头发，卷起场上的阵阵雪粉。许多同志不约而同地说：“请主席把帽子戴好吧！”

随着大家轻松的情绪，毛泽东同志戴好帽子，转而语调深沉地说：“我们在整风审干工作中，得到了两条经验，一条经验就是取得了成绩，另一条经验就是犯了错误。我们党在七八年中由九万发展到一百多万，有些坏人混了进来，不纯的分子混了进来。一方面确有特务，应采取严肃态度，从思想、组织上加以纯洁；另一方面，不是特务如麻，要实事求是，采取谨慎态度。不谨慎就要出乱子，就要冤枉自己的同志。我们党有一条规矩，叫作坚持真理，修正错误，一切从实际出发，凡是做对了的，就要坚持；凡是做错了的，就要纠正。对所有戴错帽子的同志，都要向他们承认错误，赔一个不是。这是我们的进步，是我们全党的一个进步。中国革命要胜利，就要采取这种态度……”

毛泽东同志左手反叉着腰，右手有力地挥动着，那洪亮清晰的声音，像洪钟一样扣动着每个人的心弦。此时，一些从中央苏区长征过来的老通信战士，不禁回忆起在苏区肃反期间，王明推行一条“残酷斗争”“无情打击”的“左”倾路线，致使许多忠实勇敢的共产党员身陷囹圄，倒在自己队伍的旗帜之下，淹入冤屈悲愤之中。以毛泽东同志为代表的正确路线，同王明路线进行了针锋相对的斗争，直到遵义会议后，毛泽东同志掌握了中国革命的船舵，才使党转危为安，沿着马列主义的航道前进。1943 年整风审干阶段，毛泽东同志及时纠正了“抢救运动”扩大化的错误，才避免了重蹈王明路线的覆辙。现在，毛泽东同志又主动承担责任，对错误的本身作了中肯的分析，这是在革命道路上，以多少同志的鲜血和头颅换来的真理啊！

毛泽东同志环视了一下大家，往前踱了几步，又和蔼亲切地说：“许多被错戴帽子的同志，最后证明没有什么问题，是经过锻炼考验的好干部。所有这些同志，你手中有理，理在你手里，你手里拿的东西叫作理。所以，你就要放下包袱，开动机器，轻装上阵。大敌当前，日本鬼子包围我们，胡宗南进攻我们，我们不能背着包袱跟敌人拼。因为背着包袱，手脚就很不灵便，跟敌人对打起来就会打不赢。反过来，如果把包袱放下来，轻装上阵，那就动作灵活，能使出全身武艺，就会打胜仗……”

毛泽东同志那生动形象的比喻和深入浅出的道理，就像和煦的春风，融化了枣园坡上的冰雪，驱散了积压在人们胸中的阴云。那些曾被错戴过帽子的同志，心里顿然像照进了温暖明亮的阳光，长期压在心底的忧郁、疑怨、彷徨的情绪，一下子烟消云散了。

秧歌扭起来了，高跷踩起来了，旱船跑起来了，悠扬的唢呐声划破了天空。当演到秧歌剧《夫妻识字》时，王诤同志告诉毛主席：“那个扮演婆姨的女演员，就是从大后方来的知识青年，在运动中也曾成了被‘抢救’的对象。你看她今天表演得多好咧！”毛泽东同志听了，微笑着不住地点头。会场时而报以热烈的掌声。

节目演完了，毛泽东同志站在崖畔上，挥动着那宽厚的大手，豪迈有力地说：“同志们，团结起来，共同为了革命的胜利而奋斗！”这声音，像初春的雷鸣，震动着皑皑的山冈，回响在平坦的川野，鼓荡着每个人的心。

36 年前那场与冰河的较量

◉筱　编

1980 年 9 月，作为一名新闻工作者，我随 29 名部队官兵深入西藏的羌塘无人区勘测。该地区雪山绵延，高寒缺氧，人迹罕至，被称为“生命禁区”。正当部队完成任务撤至昆仑山下时，五辆汽车不幸陷入了冰河，唯一能自救的绞盘车最后也因无依托趴了窝。

要脱险须先救出绞盘车。可是，白天昆仑山融化的雪水波涛汹涌，晚上零下 30 多摄氏度的气温又把汽车和冰河冻成一体，救车谈何容易。白天大伙一步一喘搬来石块，晚上破冰下河填石施救。锋利的冰块似刀子划破了皮肉，冰冷的河水似锥子“刺穿”骨髓，同志们咬牙奋战七昼夜仍无法救出绞盘车。

大伙体力逐渐不支，身体浮肿、手脚上的伤口溃烂化脓，不少人病倒了。食品和燃料所剩无几，方圆数千里杳无人烟，无法与外界联系……那时，个别同志情绪低落，担心再也走不出“生命禁区”了。我作为一名共产党员、宣传干部，在这群人里年龄最大。在这生死攸关的时刻，我深知信仰和斗志的重要，必须当好领头羊。为鼓舞士气，我找每个战士谈心，带领大家唱歌，讲红军长征的故事，引导大家不忘初心、树立信心、迎接挑战。我还主动为领队和党小组长当“参谋”，策划召开党员、干部、团员会，组织攻坚小组。强有力的思想工作极大地激发了大家的斗志，很快就有战士申请火线入党、入团。

为防不测，大家把成果资料和仪器密封保存，写明情况用来汇报，并安置到安全地带。随后，大家放手一搏：拔下帐篷杆捆在一起，挂到绞盘车的钢索上，放入河岸的深坑里，填石、封土、浇水，让它和巍巍昆仑冻成一体，成为绞盘车坚实的着力点。这一招果然有效。第二天，同志们砸碎冰层，跳下冰河肩扛、手推，凭借构筑的坚实依托，终于把绞盘车拉上了岸，而后拖出全部汽车。一场危机化解了，全军顺利地走出了令人生畏的“生命禁区”。

乐龄信箱

外国老人的退休生活

瑞典人的退休计划

在瑞典，很多人50多岁就开始做退休前的计划准备。他们会精心安排、计划自己的晚年生活和未来。退休年龄一到，他们一般会先卖掉房子，将卖房子的钱和积蓄用来增值，然后入住国家安排的安老院。安老院有比较良好和完善的设备、设施，入住安老院的租金50%由政府负责，剩下的50%由老人们自己出。

英国老年人很少发生“退休综合征”

英国老年人的子女成年后都离家自立，不仅与父母分居，而且为了谋职，常常迁居异地。年迈的老人，身边没有儿孙，有老伴儿的还可以相互照料，丧偶的鳏夫寡妇，一切都得自己料理。尽管英国的老年人缺乏“天伦之乐”，但退休老年人很少发生“退休综合征”。他们不是在家种花养草，就是到处旅游，早晚总是牵着宠物（狗）散步，过着“天马行空”、独来独往的生活。再有一些英国老人，兢兢业业地工作了几十年，退休后却没有坐在家中安享清闲，而是又开始了“第二次创业”。他们开餐馆、办咨询公司、写回忆录等，让自己的生活更加充实、精彩。

记忆中的“闹元宵”

◉ 筱 编

记忆中，孩童时的年总是过不够，过了“破五”，大人们又为新的一年去劳累奔波了，孩子们心中还对年充满留恋。偶尔，点燃几个过年舍不得放的爆竹，好让年再过得长些。最能满足这种“过年”情结的，就是正月十五元宵节了。可以说，元宵节就是年的尾巴。

元宵节前几天，人们已经按捺不住欢乐的激情，大街上时常响起锣鼓声，这是“踩高跷”“耍龙灯”和“扭秧歌”的人们为元宵节进行的预演和彩排。济南人，谁不乐意看这些红红绿绿、热热闹闹的表演呀！特别是济南人的最爱——踩高跷。俗话说“不吃饺子，不算过年；不看高跷，也不算过年”。

“踩高跷”是把戏曲、武术和杂技融合在一起的一种民俗娱乐。据说，早在清朝，由河南、河北的艺人把这种技艺带到济南，结合济南人的喜好，形成具有济南特色的民俗娱乐活动。“踩高跷”选取戏曲“打渔杀家”“白蛇传”“武松与潘金莲”以及“西游记”的故事情节，艺人装扮成武松、白娘子、萧恩、孙悟空、猪八戒以及老鸨子、傻小子、赃官等插科打诨的丑角，为表演增添了许多乐趣。高跷分为“文腿子”和“武腿子”，前者以人物表现为主，后者以动作表演为主。

“踩高跷”对孩子们具有很大的诱惑力，如同现在的孩子学“轮滑”一样。胡同里的小伙伴不知从哪里弄的木料做成“腿子”，绑到脚上，练习踩高跷。经过一番努力，竟然无师自通，也能绑上“腿子”走动了。胆子大的孩子，还跟在街上的高跷队后边，踩着锣鼓点儿走一段路呢。

听老人说，民国时期的高跷十分好看，尤其是舍坊圩子门的高跷，更是技高一筹。一到正月十五，老济南城里比较大的商家，就会在门前置放桌子，桌上摆好为高跷队准备的点心、茶水。高跷队一来，就放起鞭炮，高跷队就会在门前表演。那时的冬天很冷，滴水成冰。有的商家头天晚上就在门前泼上水，冻成冰。高跷队走在冰上照样稳稳当当，甚至还能翻跟头、打旋子，引来围观者阵阵喝彩。高跷表演完了，商家会给赏钱。一拨走了，一拨又来，拨拨都有绝活，都很出彩。你想呀，没有两下子，谁敢在商家门前表演。艺人们高兴，商家也乐意拿钱，图的是来年生意兴隆。这就是那时的广告意识吧。

小时候，家住院西大街，是老城最热闹的地方。一到元宵节，街上锣鼓声不断，白天是“踩高跷”“扭秧歌”，晚上路灯一亮，“耍龙灯”的又来了！龙灯分九节到二十九节不等，但必须是单数。每一节由一人举着，龙身里点着蜡烛。龙头扎得特别好看。龙灯耍得好不好，关键是龙头，耍龙头的人要有耍大刀的武功底子。耍龙灯有“单龙戏珠”和“双龙戏珠”，龙身在龙头的引导下，时而伸展、时而蜷缩，龙头上下飞舞，忽而高耸，直冲云霄，忽而低下，破浪入海。在锣鼓声中，闪转腾挪，优美壮观，煞是好看。耍龙灯最累的是龙头和龙尾，龙头要追逐着红珠，飞腾跳跃。龙尾要随着龙身奔跑摆动。

从院西大街到西门桥这段路上的百货大楼、省府前街、西门大街是高跷队、龙灯队固定表演的地点，我和小伙伴们跟到表演队伍后边，看了一处表演，再看下一处，来来回回，跑来跑去，乐此不疲。大街上锣鼓喧天，人头攒动，花灯竞放。除了“耍龙灯”“踩高跷”的，还有“跑旱船”“扭秧歌”的，到处是看热闹的人群，叫好声、鼓掌声此起彼伏，把“闹元宵”的气氛烘托得淋漓尽致。

“东风夜放花千树”，又到万众欢腾时。“闹元宵”就要凸显一个“闹”字，热热闹闹，红红火火，闹出个风调雨顺，闹出个五谷丰登，闹出个国泰民安，闹出个民富国强！

家乡的洗衣石

◉ 孙森林

回到家乡，总能在池塘边找到那些熟悉的石头。它们看起来没有什么特别的地方，是石头家族中最普通的一族。但是，家乡的女人最喜欢这种近水而又光滑的石头。

童年的记忆里，每到天气晴好的早上，村里的女人们不约而同地来到池塘边，找一块水边光滑的石头，浆洗衣物。家乡的女人会选洗衣石，衣服的性情是柔软的，选择的石头也一定要光滑细腻，只有细腻厚道的石头才能够体贴那些柔软的衣物。衣物最喜欢柔软，它们盼着被体贴。家乡的女人最懂得世间的柔软，她们细腻而精心地打理手中的一切，打理着一家人的生活。

母亲说过，能找到一块合手的洗衣石，这是洗衣人的缘分，也是衣服的缘分，往大了讲，是一个人和整个池塘的缘分。

我多次看见，母亲和村里的女人们沿着池塘边的洗衣石蹲成一排，身后是摇曳起伏的芦苇和柳树林，她们的手里都是湿漉漉正在浆洗的衣服。在细腻厚道的石头上，她们轻轻地揉搓着各自的心情，揉搓着水里波动的蓝天白云，揉搓着岸边柳树林在水中的倒影，揉搓着她们手中甜蜜期盼的生活。棒槌温柔敲打的声音，抖衣撩起水花的声音，女人大声交谈的欢声笑语，苇浪和柳树林里风吹过的声音交织在一起，是我童年记忆里最美的交响乐。

“文化大革命”时期，家乡掀起了“破‘四旧’立‘四新’运动”，文物古迹被当成“四旧”彻底清除，连祖坟都没有幸免。一夜之间，坟被挖了，坟砖用来砌洗衣石的基础，墓碑被当作洗衣石码砌在池塘边。

如今的乡村，再也没有那种妩媚和生动的诗意。洗衣石被洗衣机所代替，但洗衣机永远洗不出那一丝风情，洗不出女人们对生活的那份柔软和诗情画意。

光阴荏苒，那些曾经的洗衣石已退出了时代舞台，静静地立在池塘边。那些曾经浆洗衣物的女人们，有的已经离去，有的已经苍老。那些洗衣石熟悉那些衣物从鲜浓到朴素的一生，它们目睹了家乡女人丰腴的手渐渐苍老满是皱纹的历程。

乐龄信箱

60 岁是人生第二青春

随着科技的发达、医疗保健水平的提高，人的寿命也逐渐延长。60 岁的人比比皆是，百岁老人不再是寥若晨星。为此，有一位社会学家提出一个很有意思的命题：六十而立，即立德、立功、立言。这位社会学家将人生分为两大阶段：60 岁以前为第一阶段，60 岁以后为第二阶段——第二个青春期。60 岁既是人生第一阶段终点，也是人生第二阶段起点。人生第二阶段是人的第二个黄金年龄段，由此有“六十而立”之说。一般来说，60 岁的人仍然身体健康，思维敏捷，言语流畅，智力丰富，工作起来老到而成熟，不少诺贝尔奖获得者是在60 岁以后，有的甚至 70 岁才摘取桂冠。

人有两个春天，二三十岁是第一个春天，那是生理成熟的春天，那是每个人都有的春天；六七十岁是人生的第二个春天，是心理成熟的春天，这个春天却不是每个人都有的，要靠自己去争取、去创造。退休后不是单纯的养老，要重新设计，重新安排自己的生活。

世界卫生组织对人的一生进行了重新划分，提出 44 岁以前是年轻人，45 ~ 59 岁是中年人，60 ~ 74 岁是年轻的老年人，75 ~ 89 岁是老年人，90 岁以上才是长寿老人。60 岁以后并不意味着人生的终点，而是人生第二阶段的开始。千万不要认为自己老了，认为自己已夕阳西下。人应该活到 100 岁，60 岁还是下午两三点钟的太阳，还骄阳似火！英国前首相撒切尔夫人过 65 生日的时候站在椅子上向全世界宣布：“真正的人生从 65 岁开始！”齐白石 93 岁还在搞创作。老年学家认为，什么是老年人，到目前为止还没有精确的结论，不同国家有不同规定，不同国家有不同标准。同样是 50 岁、同样是 60 岁、同样是 70 岁，实际上不一样，有的人老当益壮，有的人未老先衰，有的人身体健康，有的人百病缠身。

我爱你，已有半个世纪

（连载二）

◉毕 玥

“哪有什么首饰啊，他这辈子就给我买过一个戒指，还是50多岁时得了病，怕熬不过去，留给我当心意的。”当笔者问起他们的定情首饰时，章素玉笑着指指静坐在一旁的方乾这样说道。阳光透过博古架上的绿萝洒进来，漫过小花池，斑斑驳驳地映在墙上，有掩不住的绿意，也有掩不住的沧桑。这一室的温馨，仿佛能将我们带回60年前那个年轻的大学校园……

恰同学少年，风华正茂

“当时哪里敢谈恋爱呢！学校的校规上明文写着不允许在校学生恋爱，而且大家基本上也没有那方面的心思，好不容易考上大学，都老老实实刻苦读书。每天早自修和晚自修都不需要老师监督，平时图书馆、教室或者校园随便哪个长椅上，都有在看书的人。另外，我们学校以前是军校，专门培养军医。1958年我本科入学的时候，是它被改成普通全日制大学的第一年，开始面向社会，我们就是第一届本科学生。我们和它一样年轻，一样对未来充满了憧憬，学习动力很足。”方乾这样说起他的大学时光。

然而，章素玉打断了他：“也不是没有谈恋爱的啊，不然我怎么会认识你？”她继续说着：“我是护士班的学生，都是女孩子，班上自然没有谈恋爱的同学。可他们医学基础班呢，‘地下恋情’还很热闹呢！”

“‘地下恋情’？不是早就恋爱自由了吗，谈恋爱怎么还这么神秘？”面对笔者的满脸疑惑，方乾略显不好意思地笑了，解释说：“学校不是规定不允许在校生谈恋爱嘛，大家只好偷偷为之。当时我们宿舍的一个男生和她们宿舍的一个女孩子在‘谈恋爱’，其实也仅仅是比较经常在一起而已。吃饭、上课和自习，两个人比较合得来，又带有那么一点对异性的好感，就算是恋爱了。一起出去逛街、看电影都要躲着同学和老师，牵手拥抱更是奢侈，这恐怕是当时大学生们恋爱的普遍心态。因为他们两个人不能总是光明正大地单独相处，那样就太明显了。如果被班主任发现，学校的处分是很严厉的，曾经有同学因为谈恋爱而被开除。所以为了‘掩人耳目’，他们经常会拉上一些自己的朋友同行，我和素玉是被他们拉去一起吃饭、学习最多的，就也熟悉起来。这样的开始算不算‘朋友介绍’？”方乾打趣。

章素玉说：“我当时什么都不知道，单纯得很，好朋友叫我一起走，就和他们一起去了，从来没往别的地方想过，她在和方乾舍友恋爱的事情是很久之后我才知道的，闹了个大红脸。”

“既然是这样无心的开始，那后来是怎么发展成‘郎有情妾有意’的呢？”笔者好奇地问。这下子，两位老人都变得不再健谈，甚至有些少时的羞涩。过了一会儿，似是从回忆中返回当下，章素玉慢慢说道：“当时学校里的成绩是五分制，三分及格，能得五分的人很少很少。虽然我不和他一个班级，但是他有好几门课程都是五分，这样的名列前茅大家都知道，也羡慕得很。那时候期末考试被安排在下一个学期的开学，就督促大家假期也要巩固知识。他家就在长春市，而我家在四平。好像是有一个假期的时候，我问他借书，那是第一次两个人单独说话。”

听到这里，方乾微微一笑：“我至多是比较用功罢了，成绩在我之上的还有很多同学呢。那次借书的时候什么事情都没有，她就一心把我当师兄请教（方乾的学制比章素玉多两年，故而早两年入学，二人同年毕业）。后来，学校有文艺演出，她经常参加，我记得那时候她梳着黑油油的大辫子，一直垂到腰间。我也不记得自己的目光是什么时候开始喜欢追随那个有长辫子的女生了。再后来，我发现她还会打篮球，这让我大大吃惊了一次，也对她的印象更深刻了。”

墙上的阳光随着太阳的移动变得柔和了，还隐约带着一点朦胧不清。笔者追问说：“于是您二人也开始了‘地下恋情’吗？”“没有。我只觉得自己对她有些好感罢了，比较喜欢和她接触，可从来没想过谈恋爱的事情。她则是一点‘特殊待遇’都没给过我，我也怕多说什么会让她尴尬。”

章素玉轻轻拍了拍笔者的手，说：“别听他吓唬人，他那是吊你胃口呢。毕业之前，我们就表明过心迹的。”“好婆婆，那您快告诉我，是什么让你们从书本中转身看见爱情的？”原来，两人的感情在当时的环境里疑似无路，却想不到还有柳暗花明又一村。

“要说因为什么，还是因为书。”章素玉说起那时的事情，脸上的皱纹仿佛都舒展开来，再不见一点岁月的痕迹，恍若能够窥视到当年的姣好容颜。“他家里条件一般，可是书多。假期向他借过一次课本之后，我经常向他借一些课外书来看。他的书一般保护得比较好，不过也难免有污损的地方。我最看不得书籍脏破，就经常把残破的地方补了，再裹好新的书皮还回去。后来，我还给他绣过遮书架的幔帘，左右是放假在家，趁着看书的空闲就顺手做了。”

方乾接着说道：“是啊，我刚才不是说她没给我‘特殊待遇’吗，可是这些事情发生之后，我就按捺不住了。我觉得这是她对我也有好感的表现。要知道，人心里的爱情一旦生根发芽，就会迅速成长，等到自己发现的时候，已是情难自禁。她还给我的书，看起来都和崭新的一样，就算我爱书及人，也该对她倾心了，何况之前我心已经有所萌动。于是……”

“于是您就在一个花好月圆的晚上，把章婆婆约到竹林里去，表明了心迹？”笔者猜测。谁知方乾摇摇头：“还是没有。于是我在下一本借给她的书里，夹带了我写给她的信，或者，叫作情书？”“哈哈，的确，这才是当年恋爱开始的样子。这下子，您的‘地下恋情’算是开始了吧？”“是，从那时候开始了，只是当时没想到，这个‘地下’的状态持续了那么久。”

美人如花隔云端

毕业后，方乾和章素玉二人一同分配到了位于吉林省四平市的某家医院。当时无意中为他们“牵桥搭线”的两个同学却难成眷属，分至两地，不过几年后，在他们自己的努力和取舍下，终于把工作调动到一起，并且喜结连理。“您二人的工作在一起，比他们方便多了，应该是毕业之后就走进婚姻的殿堂了吧？”笔者问道。方乾闻言皱眉，说：“没那么容易啊！这段让素玉给你讲。”章婆婆笑着说：“好吧，我来说。都这么多年了，提起那些事情来，你怎么还和我置气呢。”

章素玉娓娓道来：“毕业之后，结婚的条件确实比较成熟。我们不仅在一个医院，还在一个科里，他是3病房的大夫，我在5病房当护士，都在一个楼层。每天我都能在长长的走廊上看见他，但是我们没有公开恋爱关系。在医院里见了面甚至连招呼都很少打，装作不认识，匆匆而过。当时一个病房里有十来号病人，我们每天工作特别忙碌，见面的时间只是下了班，避开同事，他会先送我回家，再回他的职工宿舍。没去过公园约会，也没看过电影。我家就在四平，每天都回家，所以连饭都没在外面和他一起吃过……”

“等等，我冒昧打断一下。您当时是在和方爷爷闹别扭吗？”笔者不禁脱口问道。“不是啊，只是我那时候觉得自己年龄还小，不好意思公开自己恋爱的事情，也没想过要结婚离开家里，所以就和他‘约法三章’，首要的是不能公开我们的恋爱关系。所以就要在别人面前装作不认识，要按时回家不能出去约会，走路都是一前一后的。”说到这儿，章素玉顿了顿：“你们年轻人听了是不是不太能理解？其实我现在想想也觉得有点想笑，不过当时自己确实不太想一毕业就急匆匆地结婚，甚至是比较抗拒吧。他年龄大，家里面还催过，我依旧坚持了三年才松口。”

“嗯，这是可以理解的，在时下叫作‘结婚恐惧症’嘛，很正常。”笔者打趣说。

“哈哈，你们现在弯弯绕绕多，我当时就只是没准备好吧。其实心里是喜欢他的，我们都是倒班制。如果是白天的工作，我们就会在傍晚下班的时候稍微拖延一会儿。我收拾办公室，他一般就留在屋子里写病例，然后等要回家的同事走得差不多了，我们再一前一后出去，在大街上也不同行，只是偶尔在某个路口停下来说说话。不过知道他在我的前后左右，在我身边，还是挺满足的。夜班的时候，我是女孩子嘛，会赶着天没黑的时候早早去办公室等着上班，他就也提前过去，和我在医院后面的林子里走走。”章素玉这样回忆起事情的时候，脸上又浮出了令人动容的微笑。屋子里静默了下来，所有人都沉浸在对那个年代的怀念里。

章素玉继续说：“后来工作一阵子了，因为别人不知道我已经在谈恋爱的事情，家里就有亲戚朋友给我介绍对象。有一个相亲对象是当时我们市某局长的儿子，想要撮合我们俩的那个阿姨总是来我们家。有一次她带着那个男生来家里，我进屋刚把挎包挂到门口的衣架上，就听我奶奶说他们一起来了，正在客厅里等我回家，吓得我转身就从旁边厨房窗户跳出去溜走了，一直逛到天擦黑才回家。我妈妈说，傍晚的时候，她告诉阿姨我加班没回家，阿姨不信，从客厅出来看，说衣架上挂着的不是素玉的包吗？妈妈就只好继续帮我圆谎，说是我头一天就在医院上夜班，没带包去，一直放在家里的。后来这件事就作罢了，其他几个相亲对象我也是连面都没见。可是我这边不停地有人介绍，又迟迟不同意和你方爷爷结婚，他就着急了，怕是我不知什么时候就反悔，看见有别的中意的男生就会和他分手。所以有一阵子我们经常有些小矛盾。”

“也就是说，你们会吵架？”“不算吵架吧，闹别扭的时候就不理对方，不过一两天冷静下来也就好了。虽然当时我们连牵手都很少，但是基本两个人心里都已经认定对方是自己的终身伴侣，就算不高兴也不会轻易闹僵。”

“接下来呢？是什么契机让您下定决心要嫁了？”“倒也没什么特殊的事情发生吧。首先就是他们家里催得紧了，我们告诉家里我们的恋爱关系之后，长辈就比较着急。毕竟工作都三年了，我们结婚的时候他 30 岁，算是很晚的。其他的事情，如果非说起来，大概是有一次他来我家里吃晚饭，之前他已经来过几次了。那天他要走的时候，忽然下起了瓢泼大雨，一直没有要停的意思。他骑着车子，没带雨衣，我家里只有雨伞，出去肯定要被浇成落汤鸡。家里人就说让他留下来过夜，他脸一下子就红了，腾地站起来坚持要走，怎么劝也留不住。最后是我奶奶说：‘小伙子怕什么?！这一大家子人，她哥哥爸爸都在，还能让人说你什么吗？就留下来住吧，淋这么大一场雨怕要生病了。’你方爷爷这才住下来。后来过了很久，我问他这件事情，他说那天在沙发上，他一夜没睡。”

奏得一曲凤求凰

笔者听到这里，不由莞尔：“既然你们这么相爱，那您结婚的时候，真的什么都没置办吗？”章素玉回答说：“可不是吗，什么‘三大件’‘四大件’都没有，首饰也只是我妈妈给我的嫁妆。我俩就收拾了一下各自的东西搬到一起住了。”方乾这时反驳说：“那不是有两大箱东西吗，也不是什么都没有的。”章素玉仿佛气结而笑：“是是是，你抬了两大箱东西过去，还不都是铺盖？不过箱子倒真是很好的，咱爸的手艺没得说。”笔者看着他们二老争执，恍若看见当年的新房，虽是简朴房间，简单摆设，简洁生活，却有着新婚的甜蜜和执着的幸福。

“那雕花箱子是你方爷爷的爸爸亲手做的。他爸爸有一手好工艺，是颇有名气的木匠。我爸爸也有一身的手艺，不过是皮匠，在厂子里能把毛皮毯子用种种技巧绣出活灵活现的图案来，还写得龙飞凤舞的毛笔字，过年的时候家家都带着红纸来我家里要对联。”章素玉回忆起那时的生活，脸上的微笑历久弥深：“我们也没有什么蜜月旅行的，只有几天婚假，到各处拜访亲友，然后上班的时候给大家分发了一点儿喜糖。后来就开始过日子了，平时努力工作，周末回父母家里团聚一下。真是岁月催人老啊，当时觉得自己的生活才刚开始，现在就已经是这么多年都过去了。那段时光恐怕是我印象里最安稳、最满足的时候。”

章婆婆停顿一会儿，继续说道：“婚后的生活平平淡淡，第二年我们有了第一个儿子，过了不久就开始‘文化大革命’了吧。我们带着孩子被分配到内蒙古，属于‘支边’。其实是内蒙古这边医院的领导去四平交流学习，比较欣赏老方，申请把我们调过去的。没想到一待就是大半辈子。”

“‘文化大革命’对你们影响大吗?”“不算大吧。我们来到这边的医院里，还在神经科工作，住在单位分配的小院儿里，一溜儿全是平瓦房。我们学着旁边的同事家里，自己种种小葱，养几只鸡。因为年轻，又是新来的，基本没参与单位里的各种‘势力斗争’，我们也不想参与，就好好工作。单位通知开会了，我们就去参加，回来还是做我们要做的事情。我天天上班、做饭、照顾孩子还忙不过来，哪有时间理会那些?我俩一个月的工资一共88元，给他家里寄20元，剩下的钱和粮票都要精打细算。和当时所有人一样，努力生活。”

“后来呢?”笔者仍不满足，继续问着，总觉得一定还有什么，还有什么甜言蜜语或者礼重意深是他们暂时羞于出口的。“后来啊，‘文化大革命’结束了，有两次调回吉林的机会，可是这边一直不同意我们回去。领导比较欣赏你方爷爷的能力吧。另外家室也安在这里了，我们两个在一起就好，于是一直在这里生活，继续养育儿女，认真工作。”章素玉半抬起脸，似是在回忆那一段漫长的时光:“后来我们又有两个儿子。也曾两地分居过，我带着一个孩子去吉林进修，他领着一个在家，另外一个送到我妈妈那里。说不辛苦是假的，柴米油盐，家长里短，不过现在都想不真切了。谁能记得那么多年每天每日的生活呢?只觉得爱情变成了亲情，变成了遥远的事情，变成一个我也说不清是什么的东西。”

“还往下讲吗?”章素玉问道。“讲啊!我们要一直讲到今天呢。”笔者兴味盎然，递上一杯茶:“您歇一下，润润嗓子再和我说。您再仔细想想，方爷爷和您说过最好听的甜言蜜语是什么样子的?为您做的最浪漫的事情是什么呢?”

“故事快要结束了，我来给你说说吧。”见章素玉在喝茶，方乾接过话，“浪漫的事情我不会啊，一辈子也没学来。就像是你问过的首饰，我也确实没给素玉买过什么。1995年或者1996年吧，我得了一场大病，她急得不行，忙前忙后，后来终于出院了，我就去给她买了一个戒指。当时也说不好是什么心情，也许就是忽然想要表达一下那么多年还没有磨灭的爱情。尽管，我之前从来没有好好表达过。”章素玉听到这里忍不住笑了，笑得很开怀，方爷爷和我也是如此。

阳光已然变作夕阳余韵，夜来香也已经含苞待放。在晚霞的映照下，三角梅的花瓣昂然艳丽。方爷爷说，那就像素玉年轻时候的样子。原来，我爱你，已有半个世纪。

同病相“恋”

◉冯 儿

她没想到与他相遇，改变了她的心境和生活。

她刚退休时丧夫，多年来一直独处，她总说自己老了。她的一双儿女同城居住，相互也能照应，孙辈长大了，她清闲许多，近年她经常和老朋友们一起打门球。

那天，他们像往常一样悠闲地打球。突然，她看到站在场边的他。他虽花白头发却也穿着端庄整齐，慈眉善目，静静地看着他们说笑打球，很陌生，看起来是刚来的“老漂族”。

她是个热心人，见他落寞的样子，笑着过去与他打招呼：“都是老年人，一起玩吧！”他微笑着摇摇头，说从未打过门球。“没关系，我教你。”大家也都热情地叫他过来参与，她已是老队员了，她耐心地教他怎样瞄准，怎样击球，怎样做到“稳、准、力、巧”。就这样，他们相识了。从此，门球场上可以看到他们俩亲密的身影。

原来，他的独生女儿被调来这里的一所学校任教。他从北方来探望女儿一家。他是退休干部，比她大5岁，几年前也失去老伴。打完球回家，他们在一条幽美的林荫道上同路。他们在斑驳的树影下边走边聊，说说笑笑，竟有许多共同的话题，有久违的愉悦和温馨。话变得越来越多，路似乎变得短了，每每分道告别，两人流露出依依之情。不经意的触碰，眼神的相遇，一股暖流袭来，她明白了，她关闭多年的心扉敞开了。她也渴望爱和被爱，爱情不分年龄，只是过去她没有在对的时间遇到对的人。

一旦相爱，牵挂就不会停息，无论以任何一种形式，这就是爱情。他向她表白，她曾矛盾、纠结，那么多年从未动过情，情感如潭死水般不起涟漪。如今60多岁了，怎么就爱意萌动改变想法了？她体弱多病，而他也做过较大的手术。他的女儿倒是支持父亲，可她儿女的反应呢？

生命中总有一些征兆，指引我们相遇。她想，爱可遇不可求，老了更应该珍惜这难得的缘分。不知怎的，她对他有一种感觉，说不清道不明，忽然间发现自己已深深爱上了他，就这么简单。老年人往往爱得深沉明理，没有跌宕起伏的情节，不需要矫情折腾。他们的爱纯洁自然，不为钱财不为房子不为私利，却是源于茫茫人海一个无意的纯真的举止和笑靥。在那时那刻，他们被“电”到了，并铭记在心。爱情战胜了怯懦，她战胜了自己，接受了他的爱。

其实，她的儿女一直以来就不反对母亲再婚，只是觉得对方应该是健康的。她听后笑说，同病相怜啊！我不也是个老病号吗？儿女无语，觉得母亲说得不无道理。他们都是从人生的风雨坎坷中走过来的，都是经历过丧偶之痛的两位孤单老人，身体不好可以相互慰藉，“同病”才能感受病痛的滋味，才会分担痛楚，搀扶着走这一程。

儿女深知母亲的心事，母亲见多了老人再婚带来的纷扰，她不会轻易谈感情，记得她曾说过，我不会为“伴”而找伴。看得出，这次母亲是有了真爱，动了真情。他们懂得，有一种情感，是儿女再孝敬也给不了的，那是伴侣的情和爱。

她那间不大却有些旧的单位住房，被粉刷一新，成了他们温暖的新港湾。家里不少堆着的舍不得扔掉的旧衣物，被她清理干净，从电饭煲到电视机，焕然一新。她自己也面貌一新，从发型到服饰，时尚漂亮年轻精神许多。她对老朋友们说，他说老了更要穿好，要善待自己，过好晚年。他善解人意，懂得体贴，那次她生病，他关照着、守候着……她说这些话的时候，满是对他的爱恋，幸福的神情，温柔的小女人模样。

爱从来没有固定的模式，它和岁月一起慢慢释放在生活里。同病相怜，同病相“恋”、相爱，也是福气！

乐龄信箱

年迈无用老伴嫌，如何及时调整夫妻关系

“老妇不提当年俏，老汉不讲当年勇。”年轻时，女的描花绣凤，养儿育女，里里外外一把手；男的担水劈柴，奔波职场，养家糊口，顶天立地逞英豪。上了年纪，两人或体弱多病，或精力衰退，自然会比过去“无用”。但老伴将现在的你与过去的你相比较，嫌你无用，是不应该的。不过，老伴嫌你无用，说明还是心中有你，只是你还没有达到老伴的期望而已。所以不必为此感到委屈，不必多加辩解，要宽容以待。

在体力和精力许可的情况下，应该活到老，学到老，干到老。如果老了就变懒，借口“不会”，不学不干，那就不对了。人固有所专，但许多事情并非全懂全会，这不奇怪。不会这，不会那，那就边学边干，即使干得不够好，老伴也是高兴的。所以，老伴嫌你“无用”，你先要看自己努力学了没有。

如果老伴嫌你不会赚钱，那就要帮助老伴摆正心态。养老的人只要生活过得去，就不必再为金钱而拼搏。“人在天堂，钱在银行”，有什么用？二老和和美美，即使生活清贫一点也是幸福的。

如何对付变态反应性鼻炎

◉ 魏永祥

变态反应性鼻炎，也就是我们通常所说的过敏性鼻炎，是指特应性个体接触致敏原后由组胺及多种免疫活性细胞和细胞因子等参与的鼻黏膜慢性炎症反应性疾病。其中，特应性个体即所谓个体差异、过敏体质。具有这种体质的人其特异性抗体形成能力及介质细胞释放活性介质的能力极强。

随着社会经济的发展、物质生活的丰富，许多疾病（如营养不良、寄生虫病和各种传染病等）日益减少乃至消灭，而各种变态反应性疾病日渐增多。这可能与大气污染、空气中 SO_2 浓度增高、饮食结构的改变以及“过度清洁”的生活方式有关。

季节性变应性鼻炎主要由树木、野草、农作物在花粉播散季节播散到空气中的植物花粉引起，故季节性变应性鼻炎又称花粉症。常年性变应性鼻炎主要由室尘螨、室尘、真菌、动物皮屑、羽绒等引起。这些变应原作用机体时皆经呼吸道吸入，故又称吸入性变应原。某些食物性变应原如牛乳、鱼虾、鸡蛋、水果等也可引起本病。

变态反应性鼻炎的临床表现主要有以下四种。

1）喷嚏。每天数次阵发性发作，每次多于三个，甚至连续十余个或数十个。多在晨起或夜晚接触致敏原后立即发作。

2）清涕。为大量清水样鼻涕，有时可不自觉地从鼻孔滴下，每天要用大量纸巾，甚为痛苦。

3）鼻塞。轻重度不一，间歇性或持续性，单侧、双侧或两侧交替，表现不一。

4）鼻痒。大多数患者感到鼻内发痒。花粉症患者可伴有眼睛、外耳道、软腭等处发痒。部分患者有嗅觉减退，但多为暂时性。

变态反应性鼻炎虽不是严重疾病，但可显著影响生活质量。如可影响睡眠、导致工作效率下降、影响学童记忆力，给社交、娱乐带来麻烦。变态反应性鼻炎还与结膜炎、分泌性中耳炎、鼻窦炎和鼻息肉的发病关系密切。本病还是诱发支气管哮喘的重要危险因素之一。

变态反应性鼻炎的治疗首先是避免接触致敏原。对已经明确的致敏原，应尽量避免与之接触。花粉症患者在花粉播散季节尽量减少外出。对真菌、室尘过敏者应保持室内通风、干爽等。对动物皮屑、羽绒过敏者应避免接触动物、禽鸟等。

药物治疗主要包括以下几种。(1)抗组胺药：西替利嗪、氯雷他定等。(2)减充血剂：1%麻黄素(儿童为0.5%)。(3)肥大细胞稳定剂：色甘酸钠稳定肥大细胞膜，防止脱颗粒释放介质。临床上应用2%溶液滴鼻或喷鼻。(4)抗白三烯药物(白三烯受体拮抗剂)：如孟鲁司特等。(5)糖皮质激素：临床上常采用局部给药法喷鼻或吸入，现已成为治疗季节性和常年性变应性鼻炎甚至非变应性鼻炎的第一线药物。这类皮质激素的特点是对鼻黏膜局部作用强，但全身生物利用度低，按推荐剂量使用可将全身副作用降至最低。

此外还有特异性免疫治疗，即变态反应原脱敏或称减敏治疗。采用引起患者变态反应的变态反应原制成提取液(疫苗)，给该患者进行脱敏注射，使之不发生或少发生变态反应或减轻变态反应症状。此法是唯一的一种对因治疗方法。

另外，在治疗中对患者和家属进行有关变态反应性鼻炎的教育是必要的，能增强患者的依从性及获得最佳治疗效果的可能性。

(作者系北京朝阳医院教授)

尿色与健康有关

◉ 杜育刚

尿的颜色与健康状况密切相关。正常人的尿液呈无色或淡黄色。当尿液颜色改变时，往往是机体疾病的反应。

常见的病理性尿色改变主要有以下几种。

红色尿：尿液呈淡红色如洗肉水样，或呈鲜红色，系尿液中有血液混入，常见于急性肾炎、泌尿系感染、结核、肿瘤等。如果有外伤史，可能为肾挫裂伤。

乳白色尿：尿液呈乳白色，系因尿中混有淋巴液，含有大量脂肪颗粒所致，临床上称为乳糜尿，常见于丝虫病。

黄色尿：尿呈深黄色，振摇时泡沫也是深黄色，并且十分黏稠，系尿液混入大量胆红素所致，常见于肝胆系统疾病。

棕褐色或棕黑色尿：尿液呈棕褐色如红葡萄酒，或呈黑色如酱油，多为血红蛋白尿，是体内红细胞大量破坏造成的，说明体内有溶血现象。常见于血型不合的输血、严重的烧伤、蚕豆病等。

耳屎需要清除吗

◉ 夏瑞明

很多人有挖耳屎的习惯，总以为耳屎很脏，想把它掏干净。其实这是不可能的，也是不必要的。经常掏挖的人，耳屎反而更多。

耵聍，俗称耳屎，是由外耳道软骨部皮肤中一种皮脂腺分泌出来的黄色黏稠液体，具有杀菌、抑制真菌生长、保护外耳道皮肤的作用，并有抵抗潮湿以及黏附灰尘及小虫的功能，以阻止侵入耳道深部。正常的外耳道软骨部皮肤表面附有一层极薄的耳屎，由于暴露在空气中，致常呈片状，此种耳屎能自动排出。有些人耳屎分泌比较多，在耳道出口呈现黄棕色凡士林样分泌物，俗称油耳朵。只要不影响听力，亦不必将其清除。因为此种耳屎都在软骨部，很是表浅，经咀嚼等活动后，自然会排出。

耳道内耳屎如凝聚成团并阻塞耳道时，称为耵聍栓塞，是因为耳屎分泌过多所致，常与外耳道皮肤受刺激有关，其中最重要的是由挖耳引起，亦可能因外耳道狭窄或异物存留使耳屎正常排出受阻堆积而成。

对耵聍栓塞者不可盲目掏挖，因为此时耳屎坚硬如石，硬行挖取必伤及外耳道皮肤甚至损伤鼓膜，并易引起感染。不恰当的挖耳，把耳屎块推向深部，更难处理。应当请耳鼻喉科医生检查和处理，在良好的照明和直视下清除，必要时可加用适当的麻醉。有时对大而坚硬的耳屎需先点耳药数天待其软化后方能取出。

总之，适量的耳屎有保护作用，不必挖它。耳屎过多结成团块时，千万不可自己乱挖，以免发生意外，自讨苦吃。

（作者系北京人民医院副主任医师）

胸痛就是心绞痛吗

◉ 戴　研

心绞痛是冠心病中常见的类型，为阵发性的前胸压榨性疼痛感觉，主要位于胸骨后部，并常常扩大到全胸和左肩、左臂或左手。

有些人往往把其他疾病引起的胸痛误认为心绞痛。其实心绞痛只是引起胸痛的病因之一，引起胸痛的原因有很多，最常见的有如下几种。

1. 炎症：皮炎、非化脓性肋软骨炎、带状疱疹、肌炎、流行性肌痛、胸膜炎、心包炎、纵隔炎、食管炎等。

2. 内脏缺血：心绞痛、急性心肌梗死、心肌病、肺梗死等。

3. 肿瘤：原发性肺癌、纵隔肿瘤、骨髓瘤、白血病等。

4. 心脏神经官能症。

5. 其他原因：自发性气胸、过度换气综合征、外伤等。

心绞痛的特点如下。

1. 疼痛部位。主要在胸骨体上段或中段之后，可波及心前区，有手掌大小范围，甚至横贯前胸，界限不很清楚，常放射至左肩、左臂内侧达无名指和小指，或至颈、咽或下颌部。

2. 疼痛性质。不是真正的痛，往往是一种难以说明的不适感，如紧缩感、挤压感、伴有窒息或濒死的恐惧感。发作时，患者往往不自觉地停止原来的活动，直至症状缓解。

3. 发病诱因。体力劳动过度、情绪激动、饱餐后、寒冷、吸烟、心动过速、休克等均可激发。心绞痛发作在活动的当时，而不是在活动之后，同样的活动早晨易引起心绞痛，这可能与晨间痛阈较低有关。

4. 持续时间。疼痛一般持续3～5分钟，在停止原来诱发症状的活动后即缓解。舌下含用硝酸甘油也能在几分钟内使之缓解。可数天或数星期发作一次，亦可一日内多次发作。

根据上述心绞痛的特点，我们可以对心绞痛和其他常见胸痛病进行区别。例如，急性心肌梗死，其疼痛部位与心绞痛相仿，但性质更剧烈，持续时间可达数小时，常伴有休克、心律失常及心力衰竭，并有发热，含有硝酸甘油多不能使之缓解。又如心脏神经官能症，其胸痛为短暂（几秒钟）的刺痛或较持久（几小时）的隐痛。如果长吸一口气或作叹息性呼吸，其症状可以缓解。胸痛部位多在左胸乳房下心尖部附近，或经常变动。症状多在疲劳之后出现，而不在疲劳的当时，进行轻度体力活动反觉舒适，有时可耐受较重的体力活动而不发生胸痛或胸闷。含有硝酸甘油无效或在十多分钟后才“见效”。常伴有心悸、疲乏及其他神经衰弱的症状。再如肋间神经痛，是由肋骨下边缘的肋间神经发炎所致，为刺痛或灼痛，多为持续性的剧痛，疼痛范围比心绞痛要大些，咳嗽、用力呼吸和身体转动可使疼痛加剧，沿神经行经处有压痛，手臂上举活动时局部有牵拉疼痛。

综合以上情况，可以说如能用一个指头清楚地指出病处的范围和有明显的压痛，一般不是心绞痛；有针刺样痛、刀割似的痛，往往不是心绞痛；持续性痛超过15分钟，用药（如硝酸甘油）也不缓解，那就不是心绞痛；若长呼一口气能减轻疼痛，应该不是心绞痛。

（作者系北京阜外医院副主任医师）

呕血的处置

◉ 卢明毅

呕血是指食管、胃、十二指肠的出血经口吐出。胃、十二指肠溃疡大出血前，患者常感到上腹部剧痛，不一会儿即发生吐血，吐出的血多呈暗红色或咖啡色，常混有食物残渣。食管、胃底静脉破裂出血一般量较多，血色鲜红。

出血后患者感到头昏、无力、心慌、气短等。严重时发生休克，即收缩压低于80毫米汞柱，脉搏每分钟在100次以上，神志模糊，四肢湿冷。如不及时抢救，会有生命危险。

发生呕血后，患者应立即卧床休息，头部放低，放偏向一侧，防止血液吸入气管而造成窒息。暂时停止进食和饮水，以免加重病情。应注意观察患者的血压、脉搏、呼吸及尿量等，并尽量安慰患者，消除紧张情绪。对烦躁不安者可服用安定片，每次服5毫克，一日三次；或服用异丙嗪，每次服25毫克，一日三次。

发生休克时，应注意患者保暖。在采取以上处置的同时，尽快设法将患者送往医院抢救。

怀疑青光眼怎么办

◉ 王　丽

出现以下情况时，常常会被怀疑患有青光眼：家族中有人患有青光眼，经常头痛、眼胀的中年人，尤其在看电影、电视后症状更明显；视力疲劳，花镜更换频繁，眼前房浅者；多次测量眼压，其值超过21毫米汞柱；眼底检查发现视盘凹陷偏大者。

当然有上述情况时，并不一定都是青光眼，但是考虑到青光眼为一严重的致盲性眼病，只有早期发现，早期治疗，方能取得满意的效果和有效地保存视力。因此，对尚不能肯定为青光眼的疑似者，必须予以充分的重视，不能轻易下是与否的结论。为此，应定期反复测量眼压，还要酌情进行一些特殊检查，如激发试验，包括饮水试验和暗室俯卧试验，还有昼夜眼压差检查、眼压描记和视野检查等。

以上检查都有一定的诊断参考价值，检查项目由医生根据具体情况决定。可在医生指导和监督下，试用药物治疗，根据治疗的反应来判断有无青光眼存在。但是，患者本人不应擅自用药。必须指出，疑似青光眼者，除了应定时检查外，一旦出现任何不适，均应立即去医院检查。

期前收缩不能与心脏病画等号

◉ 胡大一

本编辑部近来收到一些读者来信，信中谈到在体检时偶然发现了期前收缩（即早搏），并因此背上了“心脏病”的包袱。他们为此很苦恼，自我感觉也越来越差，纷纷要求介绍治疗方法。那么，期前收缩到底算不算心脏病呢？

正常的心脏先有电的激动，后有机械性收缩和舒张，从而有节奏地泵出血液，供应全身脏器的代谢需要，心脏电活动的起源点是右上方的一个微小结构——窦房结。在正常成人休息时，窦房结规律地每分钟发出60～100次电脉冲，向整个心脏传布。随着运动，窦房结发出电脉冲的频率加快。

如果窦房结之外的心脏组织，如心房或心室在窦房结以正常节奏发出电脉冲之前抢先激动，控制心脏的电活动，就会使心脏在没有充分被血液充盈之前，提前收缩一次。我们称这种情况为期前收缩。如果期前收缩的产生部位在心室，即为室性期前收缩；如期前收缩产生在心房，就是房性期前收缩，室性早搏比房性期前收缩更多见，为临床上最常见的心律失常。

期前收缩常见于各种心脏病，例如室性早搏在心肌梗死、心肌病的患者中十分常见。但期前收缩在正常心脏也并不罕见。单纯的期前收缩不能与心脏病画等号。良性期前收缩见于心脏正常的患者，或至少使用目前有的诊查手段不能发现心脏的结构和功能有异常的人。发现有期前收缩的患者应当到医院检查，明确有无心脏病。主要检查手段包括医生问诊和体格检查、胸片、超声心动图和运动试验心电图。

良性期前收缩的发生率随年龄增长而增加。许多有期前收缩的患者本无自觉症状，而是在升学、就业或体检时无意中发现的。有些患者可觉心悸、胸闷。有无症状或症状轻重并不与期前收缩的数量或频发程度成正比。有人每天发生数千上万次期前收缩毫无症状，有的人每天几十个期前收缩，症状很多。

绝大部分患者程度不同地具有一些与心理因素（即由于不了解良性期前收缩的意义而紧张和忧虑）有关的症状。在各种体检的心电图上对查出期前收缩的结论为“不正常心电图，室性（或房性）期前收缩”。这种报告单常常交给患者，医生又没有耐心对患者作解释。这些术语给患者精神上的压力可想而知。再加一些流传的说法，如室性期前收缩比房性期前收缩危险，可能突然死亡，对患者精神的打击更大。

没有心脏病的期前收缩之所以被称为良性，因为它不会给患者带来猝死的风险，也不会对心脏造成损害，且预后良好。对于与期前收缩无直接相关的症状者，不需使用抗心律失常药治疗。对有症状者，要具体分析。如果主要是精神紧张或忧虑所致的症状，应充分解除顾虑。

大多数期前收缩患者的症状部分甚至完全由精神心理紧张所致。医生不认真解释病情或错误解释期前收缩是导致症状的重要常见原因，即医源性症状或医源性疾病。不能否认期前收缩本身可在一些患者产生症状，如症状确系期前收缩直接引起，应选用副作用小的药物治疗，不可使用对脏器毒性作用过大的药物。口服用药即可，不必静脉用药。评价疗效的标准是症状的减轻或消失，而不是期前收缩的数量与频度变化。

正确认识良性期前收缩不但是患者的事，更重要的是医务人员的事。医生不正确的认识与解释是医源性疾病的根源。

何谓肉芽肿性前列腺病

◉ 卢存国

肉芽肿性前列腺病是一种特殊类型的前列腺炎，通常称其为非特异性肉芽肿性前列腺炎（简称肉芽肿性前列腺炎）。

此病分为非过敏性和过敏性肉芽肿性前列腺炎两类。这两类均表现为前列腺组织的慢性炎症改变。肉芽肿性前列腺炎最初表现为尿频、尿急、尿痛及发热，以后迅速出现排尿困难、急性尿潴留。直肠指检前列腺有硬块，极易与前列腺癌混淆。过敏因素引起者，前列腺液中有时可见到多量嗜酸性细胞。由于B超、CT扫描检查对肉芽肿性前列腺炎诊断帮助不大，不能作为确诊依据，且前列腺结节或硬块约70%并非癌肿，所以对难以肯定其性质的肿块，应行穿刺活检。

肉芽肿性前列腺炎的治疗，可采用泼尼松100毫克，每日3～4次口服，直至症状消失和前列腺腺体缩小。此外，还可配合应用抗生素、热水坐浴等治疗，以加速炎症消退。

亦有学者认为，本病即使不采用任何方法治疗也有可能自然消退。对有慢性下尿路梗阻症状，经过3～6个月的治疗仍不能缓解者，可考虑进行前列腺切除。

（作者系北京大学第三医院教授）

糖尿病的眼部并发症

◉ 李晓欣

糖尿病的眼部并发症是引起失明的四个主要眼病之一，近年来这类并发症在我国有日益增多的趋势。

糖尿病引起的眼部并发症较多，常见的有以下几种。

糖尿病性白内障。此病分为两大类：一类发生于年龄较大的患者，其症状及体征与一般老年性白内障相似，但糖尿病患者的白内障发病率较健康老年人高，且发病年龄较早；另一类典型的糖尿病眼部并发症较少见，发生在血糖没有很好控制的青少年糖尿病患者，其特点是发病速、进展快，可在数周或数日内发展到全混浊，此种混浊常为双侧性的，一般不可逆转。视力严重受影响时应在血糖控制后予以手术摘除。

屈光不正。由于血糖的增高，引起房水渗透压降低，使房水渗入晶体，晶体变凸，增加其屈光度，患者可突然发生近视或原有老视症状减轻。当血糖降低后晶体又恢复原状，因此患者又可恢复为正视眼，或阅读时又再需要老花镜。这种短期内屈光度的迅速变化，是糖尿病引起的晶体屈光体改变的特征。

虹膜睫状体炎。有时糖尿病患者可伴发急性虹膜睫状体炎，此型虹膜睫状体炎对局部应用皮质类固醇及散瞳剂反应良好。

眼球运动神经麻痹。有些糖尿病患者可出现眼球运动神经麻痹，从而引起复视或眼外肌运动障碍。此病可在1～2个月或更长时间恢复。

视网膜病变。一般将其分为单纯性视网膜病变及增殖性视网膜病变两种。单纯性的预后良好，增殖性的常引起玻璃体积血，继发性视网膜脱离等而失明。

虹膜红变。由于严重的糖尿病性视网膜病变，使大范围的视网膜毛细血管闭塞，产生新生血管因子，除可引起视网膜产生大量新生血管，从而发生增殖性视网膜病变外，虹膜上也可产生新生血管，称为虹膜红变（或称虹膜发红）。

新生血管性青光眼。大量位于房角处的新生血管使房水排出发生障碍，而发生新生血管性青光眼。

怎样预防骨质疏松症

◉ 王洪云

骨质疏松症是一种常见病，多发生于中老年妇女。这不但给患者生理上带来麻烦，还给患者造成心理方面的影响。骨质疏松症不仅无法治愈，而且几乎没有什么早期的症状，这就给及早确诊与及时治疗造成了很大的困难。为此，对于中老年人来说，加强对骨质疏松症的预防是十分必要的。

为达到预防的效果，应该采取的步骤如下。

一是要了解一些与骨骼有关的知识。骨骼是不断地自我更新的组织，进行周而复始的分解及重建。30 岁之后骨骼组织重生的速度便开始落后于被破损的速度，造成骨质逐渐流失。吸烟与过量的喝酒对骨骼都有很大的害处。每天喝两杯以上的咖啡也会增加罹患骨质疏松症的机会。

二要注意摄取足够的钙质。钙以及维生素 B 含量丰富的饮食对妇女预防骨质疏松症十分重要。维生素 B 能够帮助小肠吸收钙质，因此中老年妇女应该注意摄取足够的维生素 B。同时，多食用一些含钙量丰富的食物，如牛奶、乳酸酪、干酪、豆类食品以及花椰菜等绿叶蔬菜。对那些不能接受乳制品的人来说，应适量地补充钙剂，才能保证人体的需要。

三要多做运动。适度的负重运动能够令骨质增加。如果运动量不足，骨质就会流失。医学研究表明，多做步行、慢跑、打网球、跳舞等运动，对提高骨骼的质量很有帮助。

四要使用雌激素补充疗法。雌激素分泌减少是妇女骨质流失的一个原因，为此，建议妇女应适当接受雌激素的补充治疗，以防治骨质疏松症。妇女应在更年期一开始就接受雌激素和钙的补充剂，连续七年以上，骨质流失量就可以大大减少。

五要早做检查。每位妇女在一生当中都应该接受两三次骨密度的检查。第一次应在 20 多岁时，第二次、第三次应在停经前以及停经后的九年之内。

另外，适当了解骨质疏松症的原因，对预防也是有一定好处的。骨质疏松症多发生在女性身上，主要与性荷尔蒙有关。就骨质疏松症来说，身材高瘦的女性患此病的可能性比矮胖的女性要多。容易导致此病的其他因素还有过迟的发育、已经闭经或卵巢已经切除，神经性厌食症、长期卧床、甲状腺疾病、肾病、某些类型的关节炎等。另外，怀孕次数过多，饮食中钙的供应不足，也会增加患骨质疏松症的机会。

为此，有上述情形的中老年妇女，就更应该加以注意，并按照医生所建议的步骤进行预防，才能防患于未然。

（作者系广东药科大学附属第一医院副主任医师）

引起震颤的原因有哪些

◉ 程百学

震颤是身体的一部分或全部表现出不随意的，有节律性或无节律性的颤动，属于一种不自主的运动。引起不自主动作的原因有的是生理性的，有的是精神性的，但绝大多数是病理性的。

震颤一般可见于以下情况。

生理性震颤

正常人在过度疲劳、激动、精神兴奋，进而可出现小而有节律性的快速的颤动，可涉及眼睑、面肌、舌、躯干和下肢等部位。

帕金森氏症候群

这是较常见的震颤，为静止性震颤。震颤一般从拇指及食指开始，以后波及其余的手指，为节律性的，先从一侧上肢开始，以后可蔓延到同侧下肢，然后对侧上肢和下肢，颜面、口唇和舌亦可有震颤。震颤在静止时明显，激动时加重，活动时减轻，睡眠时消失。原发性帕金森氏病是因脑内黑质纹体系统变性所致，除震颤外，还伴有运动减少、僵直等症状。由于其他疾病或中毒引起的类似表现，称为帕金森氏综合征，如多发性脑梗死、脑炎、一氧化碳中毒、抗精神病药等均可引起类似症状。

老年性震颤

这种症状多发生于老年人，为细微而快速的震颤。初期仅在情况紧张时出现、安静时消失，其后安静时亦可出现，以头、下颌部、口唇多见，一般不合并肌张力增高的改变。与老年人脑动脉硬化有关。

小脑疾患引起的震颤

这主要表现在上肢远端，为意向性震颤，静止时不出现震颤，运动时震颤速度不快，但振幅加大、不规则，越接近目的地，震颤越明显。

代谢性疾病引起的震颤

表现为手、眼睑甚至全身肌肉震颤。肝硬化患者由于氨类物质对脑的毒副作用，出现姿势性震颤。当患者两上肢向前平举时，可见其手指分开出现明显震颤，拇指急速出现内转、外转运动，两侧强度不对称，振幅较大如鸟翼扑打状，颜面和舌也有时出现震颤。这种震颤以不规则、无节律、振幅经常有变化为特征。

中毒性震颤

酒精中毒包括急性酒精中毒（醉酒）或慢性酒精中毒。中毒时的震颤，表现为静止时不出现，当上肢前伸、手指分开保持此姿势时震颤明显。震颤可发生于手指，时而波及舌、面肌，在说话时可出现细小的震颤。尼古丁中毒时的震颤为细微性震颤。汞中毒引起的震颤呈中等节律震颤，静止时出现，运动时更突出，疲劳和兴奋时增强。

癔症性震颤

可表现为持续性的细微性震颤，亦可表现为粗大性震颤，当情绪激动时增强，在精神刺激下可急剧加重。

当发现有震颤症状后，精神上不要紧张，可到医院做检查，针对病因治疗。

（作者系北京人民医院主任医师）

出血性中风患者的凶吉判断

◉ 魏开敏

出血性中风，俗称脑溢血，常发生于有高血压动脉硬化的中老年人。此病死亡率高，即使免于一死，也会遗留半身不遂，给患者及家庭带来很大的痛苦。为什么同样得了脑溢血，有的人不幸一命呜呼，有的人却康复得很好？虽然这与治疗是否及时和得当有关，但更关键的还在于病情的轻重。因此，正确判断病情，不仅有助于医生采取有效对策，积极抢救，而且对患者亲属来说，也可借此预知病情，早作心理准备，积极配合医务人员的抢救治疗。

据临床观察，脑溢血患者的凶吉，大体可从以下几方面来判断。

意识障碍的程度。意识障碍是人体脑功能紊乱的一种表现，根据障碍程度由重到轻可分为三种。昏迷：指神志不清、不省人事，呼之不应、推之不醒、重压眶上切迹和刺激皮肤无反应，是最严重的一种意识障碍，是病情严重的重要标志之一。昏睡：是指患者不能自动醒来，强烈而持续地呼唤、推摇其肩或刺激其皮肤，可能会睁眼、呻吟和躲避，但不能对话。嗜睡：是指给予强烈而持续的刺激可暂时醒转，醒后尚有知觉，但刺激停止后即又入睡。一般来说，意识障碍越重的人，越是凶多吉少。而无意识障碍即头脑一直清醒的脑溢血患者，一般无生命危险。

发病当时血压的水平。脑出血

时如果出血量大，可形成血肿，使颅内压力增高，还可由于延髓的血管舒缩中枢受压，使血压进一步升高，甚至引起再度出血。所以，脑出血的急性期血压越高，危险越大，当收缩压持续超过170毫米汞柱、舒张压超过110毫米汞柱时则凶多吉少。因此，脑溢血早期须密切观察血压、保持绝对安静，尽可能减少不必要的搬动，尤其是躁动不安的患者，在搬动时，容易引起血压剧烈波动而加重病情。

年龄的关系。高血压是一种全身性病变，随着年龄的增长，心、肾等脏器功能日趋衰退。所以，一旦发生脑溢血，全身各系统易发生并发症而导致死亡。据统计，年龄小于49岁的脑出血患者，恢复满意者达90%以上，而大于60岁者病死率有明显升高倾向。

头部CT检查。头部CT检查对诊断脑溢血非常可靠，不仅可以反映血肿的具体位置，还可估计血肿的大小、多寡和由于出血造成的脑组织移位、受破坏的程度，为医生诊断提供了更为可靠的依据。一般来说，血肿位于脑深部者，比位于脑浅部者更为凶险；同一部位的血肿，血肿越大，危险性也越大；同样大的血肿，出血快的较出血慢的危险更大。

有些疼痛须及时看医生

◉ 常怡勇

疼痛是很多疾病的共同症状，平常很多疼痛患者习惯去药店买点止痛药自诊自疗。但药师提醒患者，若遇到下列疼痛不可信赖止痛药止痛，应及时就医，以免单服止痛药延误了治疗。

腰腿痛

持续两天以上的腰腿痛。一般认为两天内疼痛能自行减轻者为轻度腰部损伤，超过两天说明肌肉和肌腱已损伤或撕裂，不及时治疗会使外伤炎症加重，引起慢性肌肉痉挛。同时，轻度腰部扭伤，疼痛范围局限，如疼痛波及臀部及两腿，则必须去医院诊治。有一种危险人们知之甚少，那就是深静脉血栓形成。其危险在于一旦血栓脱落，就可能引起肺动脉栓塞。其中，癌症、肥胖、长期卧床不动、长途旅行、怀孕以及上了年纪等都会表现为小腿疼痛。

伴有发热的腰痛。这种情况可能属脊柱感染或肿瘤。脊柱感染虽不常见，但它可成为产生腰痛的潜在性原因。许多脊柱外的感染性疾病可以出现腰腿痛，这时候的腰腿痛只是全身性疾病的局部表现。另外，许多肿瘤也可以引起发热腰痛。

腰腿痛伴有马尾综合征。马尾综合征即出现会阴部麻木甚至感觉消失，尿潴留，大小便失禁。腰腿痛的患者出现马尾综合征是一个相对紧急的情况，应尽快地手术治疗。

老年患者和儿童出现腰痛。老年的腰痛首先要排除肿瘤，其次是椎体压缩性骨折、椎管狭窄、退变等。儿童一般不会出现腰痛，一旦出现，家长应该重视。儿童腰痛常与感染、肿瘤、脊柱侧弯、先天畸形有关。

休息痛和夜间痛的腰腿痛。持续不断的休息痛和夜间痛是严重腰腿痛的表现，但是更为重要的是这种现象是感染某些炎症和许多肿瘤的特点。

1. 剧烈疼痛。剧烈的疼痛可能预示有比较严重的疾病存在，不可盲目乱用止痛药，况且一般性非麻醉性止痛药（麻醉性止痛药一般药店禁售）对剧烈疼痛无效。

2. 伴明显的体重下降或既往有肿瘤病史的疼痛。这通常是全身性疾病、感染和恶性肿瘤的特点。

3. 长期使用皮质激素后出现的疼痛。长期使用皮质激素后可致骨质疏松引起压缩性骨折，同时免疫力下降，会造成感染、肿瘤。

4. 有明确的外伤史后出现的疼痛。

5. 敏感性牙痛或跳痛。受到冷热刺激后牙齿疼痛，过后消失，这是龋齿或牙釉质磨耗引起的；自发性剧痛、跳痛，这是牙髓发炎所引起的。前者止痛后需修补，后者应立即就医。

6. 胃痛。一般的胃炎、消化不良在两小时内大多能缓解，超过此时间，持续性胃痛，很可能存在某种严重疾病。

7. 脚踝扭伤痛。这是韧带、肌肉软组织的挫伤，毛细血管可能破裂，引起局部淤血肿痛。一般一星期内疼痛便会减轻，超过这个期限仍肿痛者应就医。

8. 玻璃碎片切伤痛。必须去医院取出碎片并清创，不要单纯止痛。一般的皮肤割伤痛，24 小时内疼痛逐渐减轻，超过这个期限，有可能发炎，应及时就医。

9. 头疼。不论什么样的头疼，都要去医院检查。感冒会导致鼻源性头疼，而脑溢血或脑肿瘤等也会引起头疼。而且一个人头疼最厉害的时候，有可能是脑动脉瘤的前兆。

10. 胸、喉、颌、肩臂或腹部疼痛不适。这都可能是心脏病前兆。心脏发病的典型症状不是疼痛，而是不适。此外，心脏病发作引起的不适还可能出现在胸、喉、颌、左肩臂或者腹部。

11. 背下部或者肩胛骨之间疼痛。多数情况下是关节炎的反映，但还可能是心脏病发作或者腹部病变导致的。

12. 严重的腹部疼痛。首先，最有可能是阑尾出现问题。其次，胆囊和胰腺问题、胃溃疡以及肠道梗阻都可能出现腹部疼痛。

13. 腿脚灼热疼。这也许是糖尿病周围神经病变的最早症状。如果腿脚有灼热感或针刺感，那说明神经已受到了损害。

14. 无法解释的疼痛。各种身体疼痛在抑郁症患者中很常见。有时候是头疼，有时候是四肢疼痛，还有时候是综合性的。但千万不要静静忍受，因为也许此时大脑生理结构已经发生了病变。

总之，对于体表如肌肉、皮肤、牙齿等疼痛，使用止痛药安全性相对大点，而对内脏痛患者千万要注意，此时的疼痛程度不一定与病情成正比，要结合疼痛的部位、性质、有无放射及其他体征做综合分析，如果出现胸痛、腹痛等内脏疼痛，最好还是先去医院请医生诊治。

老年哮喘与慢阻肺的区别

◉ 方秋红

每当提到哮喘病，人们很少与老年人联系起来。这是由于：一是支气管哮喘多于儿童期发病，常被认为是“儿童疾病”，老年哮喘的发病率相对偏低；二是老年人中的慢性支气管炎、阻塞性肺气肿和肺心病（统称为慢阻肺）的发病率确实很高，而在这些疾病中有不少老年人除了咳嗽、咳痰、气短之外还往往伴有喘息。因此，当老年人出现喘息时，人们往往将其与慢阻肺等联系起来，很少考虑是否为老年哮喘。其实，哮喘病可发生于各个年龄段，儿童前期患病率高，12 岁以后逐渐下降，但在老年期后患病率复升，成为哮喘发病的第二个高峰阶段。所以，需要对老年哮喘有足够的认识。当老年人出现喘息时不仅要考虑常见的慢阻肺，也要想到哮喘的可能，并与慢阻肺加以鉴别，要点如下。

一、在病史上，老年哮喘患者通常有过敏性疾病史，如过敏性鼻炎、特异性皮炎等。慢阻肺患者多有慢性支气管炎发作病史和长期吸烟史等。

二、在临床表现上，老年哮喘患者主要表现为反复发作的喘息症状，常伴有胸闷、气短，以夜间症状显著。在受到冷空气侵袭，或吸入烟尘、花粉以及运动时，容易引起哮喘发作。具有自行缓解趋势，对支气管扩张剂反应良好，服药后症状减轻。慢阻肺患者主要表现为咳嗽、咳痰，可伴有喘息，以早晨起床后症状突出。寒冷季节如冬春季时病情加重，呈现进行性加重趋势，症状往往持续存在，不能自行缓解。

三、在实验室检查上，老年哮喘患者的胸部X线检查和肺功能测定基本正常。慢阻肺患者的胸部X线检查显示肺纹理增粗、紊乱及肺气肿征象。通常有肺功能下降，尤以弥散功能降低显著。支气管扩张试验对比检查结果显示老年哮喘患者多为阳性，慢阻肺患者多为阴性。

四、在治疗上，老年哮喘患者用药比较简单，一般以小剂量糖皮质激素联合β受体激动剂雾化吸入为基本治疗措施，如氟替卡松＋沙美特罗。慢阻肺需要采取综合干预措施，如氧疗、呼吸功能锻炼、饮食调理等。治疗药物主要是抗生素和止咳祛痰药，伴有喘息还需要加用支气管扩张剂。

（作者系北京朝阳医院副主任医师）

天旋地转为哪般

◉ 魏春晖

眩晕是指患者感觉自身和周围景物旋转，并出现平衡障碍，如姿势不稳或身体向一侧倾倒，伴有面色苍白、多汗、眼球震颤、恶心呕吐等表现的一种症状群。根据引起眩晕的病变部位或原因不同，眩晕被分为周围性（耳性）眩晕、中枢性眩晕、外伤性眩晕和功能性眩晕等几种类型。

周围性眩晕

周围性眩晕常由下列疾病引起：梅尼埃病是周围性眩晕中最常见的疾病，以突发眩晕、耳鸣、听力减退为主要临床表现，并具有发作性和复发性的特点。可发生在任何时间。自感周围景物和自身循一定方向旋转，睁眼和头部活动时加重，休息后减轻。眩晕持续时间数分钟至数小时或数天，常伴有恶心和呕吐，并有一侧听力减退、耳闷等症状。

迷路炎（即内耳炎）是急慢性中耳炎常见的并发症。其眩晕的特点为阵发性，伴有水平和旋转性或混合性自发眼球震颤，听力消失，平衡失调。

由上呼吸道感染引起的前庭神经炎也可致眩晕，发病突然、眩晕剧烈，伴恶心呕吐。眩晕持续时间长，无反复发作性，一般无耳鸣、耳聋。患者有上呼吸道感染的症状，如发热、发冷、咽痛等。

耳毒性药物中毒（如链霉素中毒）引起的眩晕一般在用药后一周左右开始出现，以后逐渐加重，伴有平衡失调等。卡那霉素、新霉素、庆大霉素也有不同程度的耳毒性，使用后也可发生眩晕。

位置性眩晕，头处在一定位置时会出现眩晕与眼球震颤，不伴有耳鸣、耳聋。多由于迷路或神经中枢性疾患所致。

晕动病多因乘坐交通工具引起，常伴有恶心、呕吐、面色苍白、多汗、全身无力等。

中枢性眩晕

中枢性眩晕常见的病因有以下几类情况：颅内占位性病变，如听神经瘤，早期症状为单侧听力障碍，伴有耳鸣、眩晕；第四脑室肿瘤，头部转动时可发生眩晕、头痛、喷射性呕吐；小脑肿瘤，早期即有眩晕、小脑共济失调的表现；颅内感染性疾病，如后颅凹蛛网膜炎、小脑脓肿等；脑循环障碍脑动脉硬化症、高血压脑病、一过性脑供血不足、基底动脉供血不足综合征等，均可引起头痛、眩晕、耳鸣等一系列症状。

外伤性眩晕

头部外伤后常可发生眩晕，并与体位改变有关。

功能性眩晕

自主神经功能紊乱也常出现眩晕，并伴有失眠、双侧耳鸣、多梦、血压低等症状。

由此可见，很多原因会导致眩晕。患者一旦出现眩晕症状，要尽早到医院明确诊断。患者应准确地向医生描述自己的症状并告诉医生自己的病史，如是否有高血压、呼吸道感染或脑膜炎史，是否受过外伤，吃过哪些药物。患者的陈述、仔细的体格检查、相应的专科及器械检查都有助于发现眩晕原因，这将使治疗有的放矢。

（作者系北京友谊医院副主任医师）

无须特殊治疗的心律失常

◉ 张维君

心律失常是一种最为常见的心跳频率或节律发生紊乱的现象，不仅见于心脏病患者，还可见于健康人和发热、贫血患者等。心律失常的发生率极高，有关学者曾经这样指出：无论是否将窦性心律失常计算在内，心律失常的发生率都为100%，这意味着心律失常人人有之，只是在年龄、时间、种类、持续时间、伴发症状等方面有所差异。面对这样高的心律失常发生率，是否需要治疗，或者是否需要特殊（药物）治疗，答案肯定是否定的。究竟有哪些心律失常是无须特殊（药物）治疗的？专家的建议如下。

窦性节律紊乱：包括窦性心律不齐、窦性心动过速和窦性心动过缓等。窦性心律不齐并无重要临床性，不需要任何治疗。窦性心动过速常见，特别是在人运动或精神紧张时最为多见。另外，喝咖啡、饮浓茶和发热、贫血、甲亢、心肌炎、心功能不全时也常有窦性心动过速。一般无须特殊治疗，可随着生理或病理状况的改善而自行消失。窦性心动过缓可见于运动员、老年人和睡眠时，也可见于甲状腺机能减退、冠心病等，只要心率不低于每分钟50次，不引起症状，一般无须治疗，尤其是50岁以上者。

期前收缩：亦称为早搏，包括房性早搏、房结性早搏和室性早搏等，可根据有无心脏疾病分为功能性早搏和器质性早搏。凡是功能性早搏均无须治疗，重在消除可能的诱发因素，如情绪激动、精神紧张、过度疲劳、消化不良、过度吸烟、酗酒和喝浓茶、咖啡等。即便出现二联律也无须特殊治疗，但应做好解释并定期随访，以消除患者顾虑。器质性心脏病所致早搏应视是否频发及对血流动力学的影响而定，凡是非频发且对血流动力学无明显影响者，亦无须特殊治疗。

阵发性心动过速：包括室上性心动过速和室性心动过速。室性心动过速均需要积极的药物治疗，室上性心动过速则要视是否频发及持续时间而定。凡是偶发（数月或数年发生一次）或发作持续时间短（几秒或几分钟），且无器质性心脏病的室上性心动过速，一般无须药物治疗，可在发作时采取刺激迷走神经的方法，如吸气后用力做呼气动作或刺激咽部，引起恶心反射等来终止发作。

房室传导阻滞：分为一度、二度Ⅰ型、二度Ⅱ型和三度等四个等次的房室传导阻滞。其中，二度Ⅱ型和三度房室传导阻滞必须采取积极措施进行治疗，以防发生意外（如猝死、心脏骤停）。一度、二度Ⅰ型房室传导阻滞则多为生理性的，不会影响心输出量，故而无须特殊治疗，重在加强自我保健，如避免劳累、剧烈运动、饱食和精神紧张等。若为心脏病（心肌炎、心肌病）合并二度Ⅰ型房室传导阻滞，关键在于病因治疗，无须给予抗心律失常药物，但要加强定期随访。

其他传导阻滞：包括房内阻滞、

房间阻滞、室内阻滞和左右束支阻滞等。这些阻滞本身无特殊治疗药物，也无特殊治疗手段，故而不必强求针对性治疗，主要是查明可能的发生原因，对因开展治疗，并定期进行随访。

逸博和平行心律：各种逸博，如窦房逸博、房性逸博、房室交界性逸博和室性逸博等，多为代偿性或生理性心律失常，临床上也无特殊表现，仅为心电图征象，故无须特殊治疗，定期复查心电图即可。平行心律多见于发热等非器质性心脏病，一般可随着原发病好转而消失，无须特殊处理，少数系器质性心脏病所致，因其不引起血流动力学改变，且本身顽固，治疗不易，故而重在治疗原发性心脏疾病如冠心病、肺心病等，不必对平行心律进行针对性的药物治疗。

（作者系北京安贞医院主任医师）

“口干”与糖尿病

◉ 常　明

很多因“口干”就诊的患者首先想到自己是不是得了糖尿病，要求只检查血糖，结果血糖正常，于是就没有方向了。其实口干的症状没有特异性，许多生理的、病理的因素都可引起唾液分泌减少，从而引起口干。除了糖尿病，还有以下常见病因。

干燥综合征

多见于中老年女性患者，是一种自身免疫性疾病，可累及多个外分泌腺，唾液腺病变致唾液分泌减少引起口干，泪腺分泌减少引起眼干，气道、消化道、阴道黏膜外分泌腺亦可受累引起相应症状。

尿崩症

抗利尿激素作用于远端肾小管和集合管促进水的重吸收，如果下丘脑抗利尿激素分泌不足或肾小管对该激素不敏感，可引起多尿，进而引起口干、多饮。口干患者如果每天尿量特别多，尿比重低、血钠偏高，则提示有患尿崩症的可能。

高钙血症

钙可以对抗抗利尿激素的作用，引起多尿和口干。高钙血症最常见的原因是原发性甲状旁腺机能亢进症，其次是肿瘤引起的高钙血症，在骨质疏松治疗过程中如果维生素D和钙剂补充过量也会引起血钙升高，因此在查找口干原因时应常规检查血钙。

低钾血症

长期慢性低血钾可引起肾小管空泡变性和对抗利尿激素不敏感引起肾性尿崩症，表现为多尿、口干，尤其是夜尿增多，因此，口干患者不仅要查血糖，同时也应检查血钙、血钾。

药物引起的口干

多种药物（如抗过敏药扑尔敏）、感冒药（如泰诺、百服宁）、镇静安眠药、抗焦虑和精神病药、解痉药（如阿托品）、利尿剂（如呋噻咪）等）都有口干的副作用，如果对自己服用的药物存在任何疑惑，患者应该咨询药剂师。

此外，长期失眠也会引起口干和食之无味，老年人唾液分泌功能下降亦可引起口干。

总之，口干症状无特异性，可见于多种情况，因此在进行口干鉴别诊断的时候，除了糖尿病以外，还应进行详细体格检查和有针对性的实验室检查，来检测口干的病因。

血管性痴呆与阿尔茨海默病

◉林　宏

血管性痴呆是指由脑血管病（包括出血性和缺血性脑血管病）导致的认知功能损害。尽管血管性痴呆的概念提出已经有一个世纪之久，但发病机制和诊断标准仍不明确。诊断血管性痴呆之所以困难是因为血管性病变与认知损害的因果关系难以确定，这其中的难点又在于血管性病变和退行性病变的鉴别。

过去人们往往用简单的两分法将血管性痴呆与阿尔茨海默病割裂开来。然而，随着研究不断深入，人们发现血管性因素和退行性病变这两种病理改变是平行发展且相互影响的。以往，阿尔茨海默病和血管性痴呆的鉴别主要依靠血管性危险因素、神经影像学检查以及临床特征（例如，急性起病、阶梯样进展、情感失控等）。然而，现今的观点认为，在很大程度上，血管性病变和退行性病变是处在一个病谱的两端。一端是“纯阿尔茨海默病”，完全由退行性病变致病，另一端是“纯血管性痴呆”，完全由血管性病变致病。实际上，更多的痴呆或认知损害患者介于这两者之间，既有退行性病理改变，也受到血管因素的影响，二者密不可分，很难人为设定一条清晰的界线将其划分开来。

研究还表明脑血管病变与阿尔茨海默病样退行性病变之间存在相互作用；同时存在退行性病变和血管病的患者认知损害更为严重。流行病学的调查显示，阿尔茨海默病与血管性痴呆存在共同的血管性危险因素（如高血压、糖尿病、动脉硬化等），而这些血管因素不仅与退行性病变共同导致了认知功能损害，还通过炎性、感染、氧化应激等多条通路参与了痴呆的病理致病过程。反之亦然，这就使得血管性认知损害的范畴进一步扩大。

正因为如此，目前对于痴呆亚型的划分、血管性痴呆的诊断标准一直众说纷纭，导致血管性痴呆在痴呆中构成比的报道也是高低悬殊，从0到85%不等。所以，人们应摒弃传统简单的“二分法”，要用辩证的方法来看待这个问题。患者的某些症状可能系退行性病变所致，而某些表现则可能归因于血管性因素，这种综合的临床思维能帮助我们更好地制订每个病人个体化的治疗方案。

（作者系西安唐都医院主任医师）

无法手术的胰腺癌怎么治

◉徐　近

由于目前缺乏有效的早期诊断方法，高达60%～80%的患者在发现患有胰腺癌时，已经无法手术切除，那么这部分患者该怎么治疗呢？

确诊胰腺癌后，医生会根据患者的一般状况和化验指标来制订合理的个体化治疗计划，治疗的目的是尽可能延长患者的生存期，尽可能改善患者的生存质量。对最常见的胰腺导管腺癌来说，一般有如下几种情况。

1. 如果患者状况良好，建议先选择化疗。化疗是除手术外对胰腺癌最有效的治疗方法，目前用于胰腺癌的常用化疗药物包括：吉西他滨、替吉奥、白蛋白紫杉醇。吉西他滨是近20年来胰腺癌的最经典化疗药物；替吉奥最早用于胃癌，近几年来发现其在胰腺癌中的疗效不次于吉西他滨，且可以口服使用；白蛋白紫杉醇近几年来开始用于胰腺癌，它和吉西他滨联合使用的有效率较单药使用吉西他滨的有效率要翻番，缺点是价格偏贵。

2. 如果患者疼痛症状较明显，可以考虑放疗。近年来随着放疗技术的提高以及多种放疗方法的应用，如通过腹腔镜微创开展术中放疗、立体定向三维适形放疗及改单纯放疗为同步放化疗等，大大提高了胰腺肿瘤的局控率，且放疗对改善病患的疼痛症状有明显的效果。

3. 一部分临界可切除的病人，通过新辅助的化疗或放化疗后，还可以重新获得手术切除的机会。

4. 如果患者在发现胰腺癌时已经有黄疸，建议先进行减黄治疗。

5. 如果患者在发现胰腺癌时伴有消化道梗阻（也就是不能进食），同时伴有呕吐，建议先解除消化道梗阻。目前主要的解除消化道梗阻方法包括：旁路手术和消化道支架置入。

此外，还可以使用其他一些辅助治疗手段，目前疗效比较确切的有：针对肝转移灶的局部治疗（如射频）、免疫治疗、生物治疗及中医中药的扶正治疗等。因胰腺外分泌功能不全出现脂肪泻者，可服用胰酶制剂帮助消化；对顽固性疼痛，需合理使用镇痛药物，还应加强营养支持，改善营养状况。

（作者系上海复旦大学附属肿瘤医院主任医师）

莫把脑病当衰老

◉ 宋海庆

脑小血管病，顾名思义，指的是脑部小血管病变所导致的疾患，为一类由多种原因导致的脑内小动脉、微动脉、毛细血管、微静脉及小静脉受累的疾病，其所造成的脑组织损害包括腔隙性脑梗死（小梗死灶）、脑白质损害和微出血等。

脑小血管病常起病隐袭，逐渐加重，最终导致日常生活能力的下降。这种脑部疾病的表现和衰老非常类似，进展非常缓慢，容易被忽略，但发展到一定程度，就有可能从量变到质变，导致严重的后果，轻则丧失行动能力，重则引发中风！70 岁以上的老人将近一半可能会出现这种疾病，所以请注意以下危险信号。

特殊的尿失禁

很多老年人有过这种“难以启齿”的经历——有时候突然打个喷嚏，就会发生尿失禁。尿失禁在老年人群中非常普遍，通常都是因为盆底肌肉松弛导致的。但若是由于脑功能紊乱引起的，往往没有憋尿的感觉直接就尿出来了，这与人脑部的神经相关。

走路不协调

人一旦上了年纪，就会发现走路越来越累，有些人还容易出现没有原因的摔跟头，然后慢慢地发展到走不了路。其实这类人四肢都很有劲。如果您有相类似的症状，走路特别费劲，请您及时去神经内科做相关的检查。

认知损害

原本很熟练常做的一些事现在慢慢地做不了了，使用工具的能力下降了，这往往都是这种可怕疾病的危险信号。

引发脑小血管病的原因有很多，主要有高血压、高血脂、高血糖；其次，有房颤、心脏病、呼吸睡眠暂停、大量饮酒、吸烟，直系亲属中有卒中或心脏病、缺乏运动等因素。

如果您符合以上两项因素，则需要提高警惕。建议每年做脑血管的检查，积极排查脑小血管病。目前对于脑小血管病变的诊治关键在于预防，严格控制“三高”、保持锻炼、戒烟以及控制合理的饮食。如果已经患上了脑小血管疾病，在早期一定要严格控制“三高”等高危因素。如果血管病变已经发展很严重了，则需要利用药物等手段治疗，越早干预，治疗效果越好。

（作者系北京宣武医院主任医师）

“腔隙性脑梗死”为何无症状

◉彭　莉

腔隙性脑梗死是一个影像学的概念，是指发生在大脑深部直径 15 毫米以内的小梗死。

由于 CT 存在分辨率和成像原理的限制，凡是 X 线通过低密度的组织都可能会呈现出“黑点”或者“暗点”。真正的腔隙性脑梗死确实在 CT 上是“小黑点”，但有时候 CT 也会把组织间隙、血管间隙等结构或者病变误以为“腔隙性脑梗死”。所以，建议进一步进行颅脑磁共振（MRI）检查。

如果 MRI 也判断出“腔隙性脑梗死”，而你没有中风的症状（如偏瘫、偏身麻木、言语不清等），很可能是陈旧性的无症状性腔隙性脑梗死。虽然这在老年人里面相当常见（60 岁以上大约 20%），但这实际上是轻微中风的提示。只是由于病灶太小，或者发生在一些神经功能不是很重要的区域，才没有明显的症状。

这时候，你需要进一步检查自己有无高血压病、糖尿病、高脂血症、高同型半胱氨酸血症等血管病的危险因素，有没有抽烟、肥胖、少运动等不良生活方式。有条件的还可以进行颈部血管彩超检查或者无创动脉硬化检查，看看有没有动脉硬化的表现，如内中膜增厚、颈动脉斑块等。如果发现了一种以上的危险因素，应在医生的建议下采取积极的治疗，尽可能控制这些危险因素。

虽然这种“腔隙性脑梗死”症状不明显，但如果有明显危险因素没有控制，小黑点日积月累，逐渐增多，可能会对以后的健康有一定的影响。

（作者系北京人民医院副主任医师）

蹲下起立就眼前发黑是贫血吗

◉ 吴学宾

有人蹲下来系鞋带或者捡东西，站起来的一瞬间都会头晕甚至眼前一黑。这是贫血造成的吗？不是。这种情况和贫血完全是两码事。出现这种症状在医学上叫作直立性低血压，或者称为体位性低血压。

体位性低血压大多数是由于自主神经功能紊乱，引起直立性小动脉收缩功能失调所致，主要表现是突然变为直立体位时血压偏低，还可伴有站立不稳、视物模糊、头晕目眩、四肢乏力等，严重时会晕倒，但常在几秒内清醒。

这是因为当人突然站起来时，下肢血管受压的情况一下得到解除，全身血液迅速流向腰部、腿部，这就造成上半身——特别是头部——缺血，大脑暂时性供血不足，因此出现上述不适症状。

另外，由于大脑和眼睛对氧气和养料的要求特别严格，不得有半点松懈，即使短暂的供血不足，也会使它们的工作发生故障，因此，就会有眼前发黑、天旋地转的感觉。

遇到这种情况，不必过分惊慌，因为当头部供血不足，心脏就会马上加紧工作，把血液输送上去，用不了多久，身体就恢复正常了。

老年人由于心血管系统逐渐硬化，血管弹性变差，自主神经功能紊乱。尤其是长期高血压的老年人颈动脉的压力感受器敏感度下降，当体位突然发生变化（尤其是服降压药以后），在血压突然下降的同时，脑供血不全和心肌缺血的危险性也大大增加。

此外，老年人对血容量不足的耐受能力下降，任何原因导致的急性失水过多（如大汗、利尿），或口服液体不足（不主动饮水），以及平时活动少和长期卧床的病人，突然站立后都容易导致体位性低血压。

如果不存在器质性病变的话，一般情况下的脑部供血不足，都可以通过加强营养、规律作息、适量运动等方法来进行调理。如果经常出现蹲起头晕的现象，调理后仍不能得到有效的改善，建议去医院进行检查，以便对症治疗。

（作者系北京世纪坛医院主任医师）

老年人小腿水肿的原因

◉ 肖珊珊

老年人偶尔出现小腿水肿现象不要惊慌，寻找原因才是关键所在。久坐之后、早上起床后、喝酒及食用高盐高脂重口味之类的东西，都会出现小腿肿胀，当我们用手指按压时就会出现较明显的凹痕。

当然也有一种可能是脂肪腿，区分是水肿腿还是脂肪腿，按压脂肪腿时会感觉比较柔软，而水肿腿没有这种感觉。

老年人如果长期出现小腿水肿的症状，除了可能患上某些疾病外，营养不良也是其中的原因之一，所以及时就医查明其原因才是首要选择。

引发水肿的原因很多，有可能是体质原因，肾脏病、心脏病、肝硬化等疾病也可能引起水肿。在诸多肿症中，除了孕妇之外，以体质性水肿最为常见，且好发于女性。

1. 高血压

患有高血压的老年人，几乎都会出现小腿水肿的现象，此时需要通过饮食或药物介入消除高血压症状，从而缓解水肿现象。

2. 肝病

人到一定年龄后，人体的各个器官都会逐渐衰老，肝脏也不例外，如再加上长期饮酒的话，更容易诱发肝脏疾病，从而导致出现小腿浮肿。建议中老年朋友不要经常喝酒，多吃水果和蔬菜。

3. 营养不良

营养不良也容易导致水肿现象，老年人如果长期营养不良，也容易引起小腿浮肿。建议平时摄取多方面的饮食营养，多吃杂粮健康食品，荤素科学搭配，加强营养，缓解小腿浮肿的症状。

4. 慢性静脉曲张

如果肿胀的腿部有棕色的色素沉淀现象，尤其是沉淀的位置是在脚踝周围时，通常是慢性静脉曲张所造成的。棕色的色素沉淀是因为血液经过血管壁进入附近的组织里所形成的。

水肿的症状表现为：皮肤失去弹性、压下去恢复慢、外观有肿胀的感觉、皮肤有湿冷感、温度下降、体重会有所增加、血压会上升、全身虚弱无力、四肢末梢感觉会不灵活。

若水肿的情形一直恶化下去，还有更严重的身体反应出现。如上述水肿一般症状会更加严重且伴随感染的情形，有心脏、呼吸衰竭、痉挛及意识方面的障碍。

五种征兆预示老年痴呆

◉ 郑烨华

慢性脑供血不足是指由于各种原因导致脑部血流的供应不能满足正常需要，大脑出现慢性的广泛的供血不足，从而引起一系列的脑部功能障碍为临床表现的疾病，且临床表现多样：如头晕、头痛、头重、头昏、耳鸣、头鸣、急躁易怒、失眠多梦、注意力不集中、记忆力减退。由于体征很少，症状隐袭，发展缓慢，头颅 CT、MRI 阴性，很少引起人们重视，但确对人们的健康危害极大。后国内外医学专家研究发现，在老年痴呆和脑梗死的发病前期都曾经有长期慢性脑供血不足的存在。如果对慢性脑供血不足不及时进行治疗，便可能引起老年痴呆症和脑梗死的发生，严重影响患者的生活质量甚至危及生命。目前脑血管病在威胁人体健康方面仅次于恶性肿瘤，成为第二杀手。在我国城市居民已居死因首位。它具有发病率高、致残率高、复发率高和死亡率高的特点。

慢性脑供血不足又是脑梗死、痴呆的前阶段状态，亟须阻止其发展，是值得我们高度重视的一个问题。由于起病隐匿，早发现、早预防才是重中之重。

警惕预兆：

1. 头晕、昏昏沉沉、睡眠增多。

2. 头痛、头重、头胀不适、头鸣。

3. 心烦、易急、易怒、耳鸣、听力下降。

4. 失眠多梦、注意力不集中、记忆力减退、遗忘。

5. 全身乏力、沉默寡言、判断能力失常。

慢性脑供血不足多由脑动脉硬化所致，建议控制血脂、体重、血压。合理膳食，饮食要清淡，不油腻，多吃蔬菜、粗粮，控制高热量、高脂肪饮食，戒烟限酒，坚持运动。少量醋、干红葡萄酒可起抗氧化作用，延缓动脉硬化的发生。

保健措施如下。

1. 减少脂肪摄入量。少吃动物脂肪，如猪油、肥猪肉、肥羊、肥牛、肥鸭、肥鹅等。这类食物含脂肪酸过多，脂肪易沉在血管壁上，增加血黏度，促进胆固醇的吸收和肝胆固醇合成，促甘油三酯及胆固醇升高，加速血黏度，促血栓形成。

2. 限胆固醇摄入量，忌食胆固醇高的食物，如动物内脏、蛋黄、鱼子、鱿鱼等。

3. 减少碳水化合物摄入量，不要吃过多糖和甜食。尤其血糖高的病人，更应少吃碳水化合物高的饮食，如白薯、土豆、藕等，应多吃粗粮、燕麦、豆类。这类食物中有纤维素，可降血脂。

4. 多食富含维生素的食物，无机盐和纤维素食物，如鲜果和蔬菜。维生素C可调节胆固醇代谢，防止动脉硬化发展。

5. 蛋白、海味不可少，饮食中缺乏蛋白质，同样会发生血管硬化，蛋白质用于供应身体必需氨基酸。饮脱脂牛奶。海产品（如海带、海鱼）多含有丰富的碘、铁、钙、硒、蛋白质和不饱和脂肪酸，被公认为大脑营养剂、血液稀释剂，具有降胆固醇、防止动脉硬化、减少脑部供血不足等作用。

6. 限盐的摄入量。因钠会进入血管壁，使其增厚，血压升高，造成血管壁损伤，加重动脉硬化。特别是脑供血不足兼有高血压者，每日盐应逐渐减至6克以下。普通啤酒瓶盖去掉胶垫后，一瓶盖食盐约为6克。

7. 保持一颗平静的心。少想事、心平静，不必为得不到的东西烦恼或怨天尤人，珍惜你所拥有的一切，宽容他人。多与他人交流生活乐趣，减少思虑，避免心火气盛。

8. 保持良好睡眠。俗话说：睡得香，才健康；睡得好，大脑好。睡前可听些轻音乐，喝一杯冷酸奶，利于睡眠。要坚持午睡，有益于保护大脑供血，头脑清醒。

9. 要会健康用脑。平时看电视、报纸、学习上网，参加一些文体活动，如唱歌、跳舞、书法等活动，可增强脑的思维，避免情绪激动和过度疲劳。

10. 坚持运动，如快走、慢跑、散步、打球、打太极拳、练剑等。活动应遵照量力而行，循序渐进，坚持才能持久受益的原则。

睡觉流口水的原因

◉董　宁

睡觉流口水，有可能是身体在向你发出信号——要注意健康问题了。

睡觉姿势不对：睡觉时流口水，可能是睡觉姿势不当引起的，如趴在桌子上睡、侧卧位睡觉等。

口腔疾病：睡觉流口水，有咸味，枕巾呈淡黄色，很可能是由于口腔卫生状况不佳。如果口腔内有溃疡，疼痛的刺激会促进唾液分泌，诱发流口水。

兴奋过度：身体疲劳、用脑过度或服用某些药物后，可能诱发神经紊乱，睡觉时大脑会发出错误信号，引起唾液分泌增加，从而引起流口水。

脾胃失调：成年人流口水是脾胃功能失调的一种表现，常见于脾胃运动功能减弱、水湿停留、脾胃湿热或胃里存食下降、胃热上蒸。

面神经炎或中风：面部受凉、吹风或感冒后，突然出现睡觉流口水的情况，一定要警觉。可以对着镜子笑一笑，如果发现有口角歪斜的情况，或是存在眼睛闭不严、头痛等症状，可能是面神经炎或中风的前兆。

血管堵塞五个信号

◉ 李志友

血压飙升

人的正常血压是80/120毫米汞柱。如果血压持续升高到120/200毫米汞柱时，就是出现脑血管堵塞的前兆。而血压又突然下降到50/80毫米汞柱以下时，就意味着脑血栓要形成了。

头痛头晕，或思维混乱

脑血管堵塞，会影响脑部的供氧供血，进而影响到脑细胞与脑神经，就会出现头痛、抽搐、嗜睡，甚至昏迷等反应，并且平时思考事情，会很容易出现思维混乱，尤其是中老年人，最是常见。

哈欠不断

中老年人不断地打哈欠，是缺血性脑血栓的典型征兆。

腿脚易冷，脚部脉搏变弱

脚是人之末梢，血管出现问题，往往脚最先有感觉。这会导致一是腿脚怕冷，二是走路时腿容易酸痛。

手脚肿胀

不明原因的手脚水肿，是深静脉血栓在四肢生成的信号，当四肢的静脉变得大到显眼时，并出现水肿，有疼痛感时，十有八九是下肢血管堵塞了。

血管堵了，日常坚持不懈地调理，才是长久根本之计。最重要的是食疗，中医认为食疗才是不伤人之根本的最佳方法。建议血管堵塞的人可以多吃姬松茸、芦笋这两种食物。因为它们包含很多种能专门软化血管、改善血管堵塞硬化的物质，比如天门冬酰胺、芦丁、亚油酸及元素铬、核酸等物质。

如果觉得天天吃这些食物麻烦，

现在市面上也有一些食物发酵饮品，其中就包含姬松茸与芦笋的，比如姬松茸芦笋发酵饮品。一些医学研究表明，用益生菌发酵食物后，其中的功效物质得到提纯与活化，更适合专门调理。因此血管堵塞的病人不妨选择将食疗与食物发酵品结合食用，胜过千种药。

芦笋自不必说，是蔬菜之王，对人体好处多多；姬松茸也不差，是名贵的食用菌。它们所含的物质具体功效如下。

天门冬酰胺：可降血压，使末梢血管扩张，心收缩增强，心率变慢和尿量增加。

芦丁：能缓解毛细血管脆性，增强血管韧性。对调理脑出血、静脉曲张很好，同时可防治血管栓塞。

亚油酸：能软化心脑血管、促进血液循环、降低血液胆固醇，预防动脉粥样硬化。对高血压、高血脂、心绞痛、冠心病、动脉粥样硬化、老年性肥胖症等的防治极为有利，素有“血管清道夫”的美誉。

核酸：能抑制过氧化脂质、胆固醇的生成，能扩张血管，改善血流，纠正心肌代偿不良，促进血管壁再生。核酸对脑血栓、心肌梗死、高血压和动脉粥样硬化症有较好的预防调治作用。

乐龄信箱

眼睛保养——预防老花眼

老花眼是中老年常见的一种眼疾。现代医学证明，老花眼是可以预防的。

（1）经常眨眼。用一开一闭的方式来振奋眼肌。闭眼时停留时间略长一些，同时用双手轻揉眼睑，以增加眼球的湿润度。眨眼能使眼肌经常得到锻炼，延缓衰老。

（2）经常转动眼球。把眼睛经常向上 、下、左、右等方向来回转动，锻炼眼肌。对眼窝进行指压。眼球周围都是骨骼，进行指压时，手指要尽量靠近眼球，轻轻地指压多次，能促进眼珠的血液循环。

（3）按摩眼睛。两手指弯曲，从内眼角横揉至外眼角，再从外眼角横揉至内眼角，用力适中，横揉 100～150 次，再用食指尖按双侧面太阳穴 72 次。每日早晨、晚上各做一遍，这样不仅可推迟眼睛老花，还可治疗白内障等慢性眼疾。

（4）热敷眼部。每晚临睡前，用 40～50 摄氏度的温湿毛巾敷盖在额头和双眼部位，热敷 3～5 分钟。

（5）多吃含维生素、蛋白质的食物，如瘦肉、鱼、蛋、牛奶、水果、蔬菜、黑豆和黑芝麻等。

慢性充血性心力衰竭患者的生活防治

◉钱　杰

慢性充血性心力衰竭是许多有基础心脏病变（如风心病、高心病、先心病、冠心病）的人容易出现的一种临床综合征。其中左心衰竭以劳力性呼吸困难、夜间阵发性呼吸困难、端坐呼吸乏力为主要特征；右心衰竭以全身性水肿、肝增大、压痛、腹水为主要特征。对大多数患者而言，心衰的发生和加重常有明显诱因，而在日常生活中注意以下几个方面，不但可去除诱因，防止心功能恶化，提高患者生活质量，同时也是心衰治疗上的重要举措。

限制体力活动

心衰的主要症状是气短和疲劳，而体力活动常是引起这些症状的主导因素。体力活动可刺激神经内分泌，增加心脏负担，所以对绝大多数患者来讲必须要限制活动，特别是要限制剧烈的体育活动和体力劳动，重症患者则需卧床，待病情稳定后再做轻微活动。

预防感染

感染是加重心衰的一个重要诱因，感染发热时，机体心输出量增加，静脉回流增加，从而使心房压升高导致心衰。因此，对原已有心衰史的患者要特别注意预防感染。除了适当运动或药物增强机体免疫力外，还要注意根据气候变化增添衣服，尽量少到拥挤、卫生条件差的公共场所娱乐、购物，在感染性疾病的高发季节可预防服药，勤洗手脸、勤换衣服，养成良好的卫生习惯。

低钠饮食

心衰患者体内有钠、水潴留，盐摄入过多是心衰的一个重要诱因，而低盐、低钠饮食在心衰的治疗上也十分重要。一般轻、中、重度心衰的患者每日钠摄入量应分别限制在2克、1克和0.4克，相当于氯化钠5克、2.5克和1克，一般每日食物中氯化钠含量已有2～4克，所以不需或只需添加极少量食盐。中、重度心衰患者应严格无盐饮食，轻度心衰患者每日也只能加极少量的食盐或酱油，各种咸味食品（如海货、酱制品及味精等）因富含钠，应避免食用。各种肉类中含有中等量钠，每日摄入量不应超过120克，牛奶不宜超过250毫升。

情绪稳定

各种精神紧张、恐惧、焦虑、暴怒等均可加重心脏负担，对心衰患者不利。因此，心衰患者要注意怡情养性，情绪稳定，必要时可服用小量镇静剂。

合理用药。β受体阻滞剂、钙离子拮抗剂及某些抗心律失常药具有负性肌力作用，对心衰患者不利，要注意根据病情，在医生指导下使用，不可随便服用或擅自加量。

（作者系北京阜外医院主任医师）

养宠物谨防莱姆病

◉ 黄唯岗

莱姆病是由蜱传播的全身感染性疾病。蔓延迅速，患者会出现皮下出血、浑身瘙痒、关节僵硬等症状，严重者最后导致呼吸衰竭而死亡，有的终身致残，并伴有痴呆、精神异常等后遗症，为此美国学者称之为“第二艾滋病”。我国的莱姆病易感者主要是山区居民和城市“宠物”爱好者。此病的流行与当地的蜱类的密度和气候环境密切相关。

狗和猫等家畜是各种蜱类重要的宿主动物。人被带有莱姆病病原体的蜱寄生并叮咬后，部分为隐性感染，病原体暂时潜伏于体内滋生繁衍，但暂不发病；另一部分则表现为阳性症状，具体表现为皮肤、黏膜、心血管和关节等多种器官多系统损伤，如最初皮肤出现环形游走性红斑、皮下大面积出血、淋巴结肿大、发烧等，而中、后期的症状又常与其他一些疾病，如关节炎、荨麻疹、重感冒和某类血液病等的症状颇为相似，所以常常造成误诊，以致丧失宝贵的治疗时机。

因此，家养宠物一定要到卫生防疫部门登记，定期进行检疫，注射相关疫苗。还要注意宠物本身的卫生，定期为其洗澡，清理其居住环境。万一发现怀疑为莱姆病的人，立即送有关医院进行血清学检查，尽早治疗。

莱姆病的治疗，早期可用四环素和红霉素等廉价抗生素，中、晚期可用大剂量青霉素；如无效可改用头孢菌素类。只要及时治疗，一般不会死亡，且可大大减轻后遗症。莱姆病的主要预防措施是防蜱、灭蜱。山区林业工人和山民进山作业时，要穿戴防护帽，裸露部位可擦防蚊油膏，同时清除作业环境和道路上的枯枝败叶，使蜱无栖身繁殖之地。

老年人急性视力下降莫忽视

◉ 陈长莉

老人随着年龄的增加会出现不同程度的视力下降、视物模糊、异视等现象，一般说来是一种正常衰老过程。但是如果突然发生急性视力下降及异视，则很可能是眼科危症的先兆，绝不要忽视。

急性青光眼。多见于老年妇女，为急性闭角性青光眼。患者出现剧烈头痛、恶心、呕吐及发热、畏寒等症状，并出现“虹视”，在短时间内可致失明。本病诱发原因与过度劳累、精神创伤、情绪波动或气候突然变化有关。

玻璃体溢血出现的急性视力下降及异视。多见于原有高血压、动脉硬化及糖尿病的老人。由于血管硬脆，位于眼睛玻璃体附近的小血管常易破裂出血。经常出血则可使周围组织增生及出现侧支循环，因而产生新生血管，致使视网膜剥离，引起急性视力下降，与此同时还会有“虹视”和“中心视力丧失”现象。

视网膜中央动脉栓塞。老年人由于动脉粥样硬化、动脉内壁上的粥样斑块脱落，导致视网膜中央动脉的栓塞，使供应视网膜营养的血液循环受阻，以致产生组织坏死，视细胞失去视觉功能。此病多见于原有高血压病、动脉硬化及心功能不良的老年人，如不及时治疗，可因视网膜组织的坏死而造成不可逆的完全失明。

视盘出血。有的老年人平时视力尚好，突然出现视物模糊，这种视力模糊多与老年人动脉硬化有关。动脉硬化后，血管内径变小，血管受阻、视盘供血相对减少，久而久之，视盘因缺血而变性，患者视力骤然模糊。

认识和处理中风先兆至关重要

◉ 刘爱华

中风有两种基本类型：一种为缺血性，由于脑组织血流中断所致；另一种为出血性，因脑血管破裂，血液流入脑组织或脑室，压迫脑组织所致。

中风的高危人群应特别警惕中风的早期征兆。未经治疗或控制不好的高血压患者中风发生率比正常人高5倍。中风的高危人群还包括吸烟者、糖尿病患者、口服避孕药的妇女、心房纤颤患者、超体重者、高胆固醇和缺乏锻炼者。虽然中风的发病率随年龄上升，但是中青年也有发生中风的可能。

据统计，中风患者有一半出现早期征兆。如出现短暂的脑缺血发作，但是患者常常不能正确认识而忽视了这种预兆。事实上有1/10的出现短暂性脑缺血发作（GIA）的患者将在一年内发生中风，3/10的患者在五年内发生中风。

提高对中风早期征兆的认识并及时采取适当的处理方法，是防治中风、降低其发病率、致残率及死亡率的最重要措施。为此要注意以下几种先兆。

1. 身体的某一部位出现疼痛或麻木。

2. 舌头不灵便。有些人表现为突然不能说话，有些人则发出含混不清的声音。

3. 手指不听使唤。

4. 视力突然下降。有的视觉突然消失、模糊，有的描述好像眼前突然被大屏幕遮住。往往一只眼睛失常而另一只眼睛正常，或重影，视野缺损，同时伴有同侧面部肌肉麻痹，在短时间内又恢复正常。

5. 腿脚不灵。突然出现步态不稳伴有头晕目眩。

6. 剧烈头疼。突然出现撕裂样头疼是出血性中风的典型症状。疼痛多是持续性而非阵发性，范围是整个头部而不是局部疼痛。

一旦出现上述一种征兆，就应当引起高度重视，即使症状轻微或很快消失，也千万不可麻痹大意。正确的方法应当立即在有人陪同中去医院，详细向医生描述出现的症状，及时取得正确的防治方法。

（作者系上海华山医院副主任医师）

糖尿病神经病变患者运动注意事项

◉ 卢明毅

糖尿病周围神经炎是糖尿病常见的慢性并发症之一，以周围对称性感觉障碍最为多见。医学上又称为糖尿病周围神经病变，以感觉缺失、肌肉无力、腱反射的减退为主要病变。一般是以双下肢病变为主，表现为肢体麻木、疼痛、蚁走感、灼热感、感觉过敏、手套或袜套样感觉、手足冰冷及感觉过敏等症状。

糖尿病神经病变的原因较为复杂，尚未完全明确，但可以肯定长期血糖控制不良是发病的关键原因。所以，糖尿病患者从一开始就应控制血糖达标，以延迟或阻止神经病变的发生。如果已发生周围神经病变，除要强化降糖治疗和进一步加强饮食疗法之外，同时也要重视运动疗法，以更有效地控制病情，改善症状。在运动疗法中，主要有以下几点注意事项。

避免剧烈运动。糖尿病患者发生神经病变时，其保护性感觉缺失，痛觉反应迟钝，任何剧烈运动都极容易造成损伤，因而患者应当避免（如打篮球、踢足球和快节奏的健身操等）剧烈运动。另外，糖尿病神经病变通常以下肢为主，且由足部开始逐渐向踝部、膝部发展。所以，患者还应避免负重和足部的反复运动，如举重、杠铃和长距离跑步、快走等。

注意运动环境。糖尿病神经病变患者要选择好运动场所，周围障碍物应少些，路面应平坦些，且不是那么拥挤，以防跌倒。如果神经病变已使患者的体温调节有所障碍，还应当注意运动场所的温度，避免在过热或过冷的环境中运动。在运动中要多喝些水，以防因散热不良或出汗过多而致体温升高、脱水等异常现象。

做好运动准备。糖尿病神经病变患者在运动前要选择好鞋袜。鞋袜要舒适、柔软与透气，同时注意检查鞋垫和鞋帮内有无沙砾，清除干净，以免在运动中造成足部皮肤损伤。另外，由于糖尿病神经病变往往包括自主神经的病变，可使患者心脏对运动的反应能力降低，因而在运动强度过大时易致血管扩张而引起体位性低血压，或由于心肌供血跟不上而发生心肌缺血。所以，患者在制订运动计划时一定要量力而行，避免任何超负荷运动，以降低运动损伤的风险。

选择适宜项目。糖尿病神经病变患者运动要适可而止，循序渐进，但应坚持不懈。患者应在吃第一口饭起的 1～2 小时内进行运动，每次运动时间不宜过长，20～30 分钟即可。可选择运动强度小、不负重的项目，如散步、游泳、骑车、太极拳、五禽戏等，也可通过活动手足来缓解麻木。例如，手麻者可练习击掌，先对拍手心，再互拍手背及手臂，而足麻者可拍打足底涌泉穴，早、晚各一次，直至手足心发热为止。

老年人便秘要对症治

◉ 褚冀北

便秘是一种常见病，以老年人和长期卧床者多见。一般认为，排便后 8 小时内所进食物的残渣，在 40 小时内未能排出，或排便次数减少（2 次/周，也有规定排便次数少于 4 次/周）；或排便间隔时间超过 48 小时，即为便秘。

便秘一般分为器质性便秘和功

能性便秘。器质性便秘多为结肠性便秘，比较少见。如各种原因引起的部分性肠梗阻、消化性溃疡以及某些肠道疾病等。功能性便秘多为直肠性便秘，患者无肠道疾病或全身性疾病，主要由于某种因素导致结肠运动功能紊乱形成便秘，常称为习惯性便秘或单纯性便秘，是最常见的便秘。造成便秘的因素有以下几种：①排便动力缺乏；②结肠痉挛；③食物过精过细，缺少纤维素残渣；④工作过度繁忙，破坏了排便规律，等等。习惯性便秘患者，吃饭睡觉都正常，就是吃了拉不出来，患者很痛苦甚至乱用泻药，这对排便功能的恢复都是十分有害的。因为盲目依靠甚至频繁服用泻药来排便，会形成依赖性，导致便秘更加顽固难治。

要养成良好的饮食习惯。要粗细搭配，增加粗粮比例，如玉米、小豆、红薯等；常吃白菜、韭菜等多纤维的蔬菜，以刺激肠壁肌肉运动，增加粪便容量。另外要多喝水，特别是每天早晨最好喝几杯凉盐开水，以增加肠道的水分。

要养成定时排便的习惯。每个人的排便时间虽各不相同，但却各有自己的固定时间，这也与人的饮食习惯、进食量有关。养成定时排便的好习惯后，由于条件反射的作用，直肠肌肉活动增强引起便意，按时排便。另外，有便意时应立即上厕所，解完大便再工作，不要憋着，否则会破坏神经节律运动，使便意消失。粪便在肠道停留时间过长，水分被过量吸收而干硬，排便更加困难。许多便秘患者都是由于不重视大便习惯形成的。

如果由于身体衰弱消瘦、食欲不佳或不爱运动引起便秘，应当进行循序渐进的锻炼，特别应锻炼腹部肌肉，如做仰卧起坐、俯卧撑运动。还可在每早起床前，用手掌贴腹壁顺时针方向按摩50次，以增强腹肌力量，也有助于排便。

如上述措施一时不能纠正便秘，则需进行药物治疗。如果由于长期吃少渣食物引起功能性便秘，可服用麦片、麸皮等容积扩充剂，多吸收水分，增加粪便容积，缩短粪便停留时间，使粪便顺利排出。对于粪便干结，或排便功能减退甚至缺乏者，可用甘油或液状石蜡于睡前服10～20毫升，也可服用麻仁丸或润肠丸，每晚睡前服20～30丸，这些对老年患者的便秘很有效。对排便动力衰弱或缺乏的患者，可用番泻叶10～30克开水浸泡当茶饮。但任何泻剂都会带来副作用，长期服用可以成瘾，停服就解不出大便。因此只能作为权宜之策，在万不得已时解一时之急。

春季减肥专家支着儿

◉ 黄唯岗

近日，有读者来信说："刚刚过去的冬季比往年都冷，为了抵御寒冷，这个冬天吃得多，出去运动得少，体重增长了不少。想咨询一下专家，如何在春季减肥？"带着读者的问题，笔者采访了北京同仁医院内分泌科李红兵主任医师。

李主任认为：减肥前首先要判断自己体重是否超重、有无肥胖症。肥胖是体内脂肪过多的状态，体内脂肪量（而不是实际体重）超过理想体重20%以上为肥胖症。肥胖症是一种多因素的慢性代谢性疾病，高脂膳食、体力活动少和遗传是其主要原因。检测肥胖的指标包括以下几点。（1）体重指数（BMI）是与体内脂肪总量密切相关的指标，考虑了体重和身高两个因素，计算方法为：BMI = 体重（千克）/身高的平方（平方米），单位是千克/平方米。BMI简单易测量，不受性别影响，主要反映全身性超重和肥胖，但对某些特殊人群如肌肉发达者，BMI就难以准确反映超重和肥胖的程度。（2）腰围是反映脂肪总量和脂肪分布的综合指标，世界卫生组织推荐的测量方法是：被测者站立，双脚分开25～30厘米，测量位置在水平位髂前上棘和第12肋下缘连线中点。根据腰围诊断和检测肥胖症，判断哪些人需要控制体重，很少发生错误。（3）腰臀比是腰围和臀围的比值，臀围是环绕臀部最突出点测出身体的水平周径。腰臀比是早期研究中预测肥胖的指标，腰围较腰臀比更简单可靠，现在更倾向于用腰围代替腰臀比预测向心性脂肪含量。

如果经医生用上述指标测定你的体重确实超重或有肥胖症时，建议采取下列措施进行减肥。包括：改变膳食，增加体力活动，改善生活习惯和观念，及矫正不良行为、药物治疗和外科手术。

（1）饮食治疗。根据患者身高、年龄、体重、应达到的理想体重及体力活动情况，制订每天热量的摄入计划。以能量摄入低于消耗为准则，应循序渐进，不可操之过急。选用低热量、均衡营养饮食，根据低脂肪、低碳水化合物、高纤维素、高维生素，配置一定量优质蛋白饮食。一般成年男性每日摄入总热量从1500～1800大卡开始，女性从1200～1500大卡开始，逐步降低摄入量。行为矫正疗法应个体化，鼓励患者记进食行为日记，杜绝零食及受情绪影响的非饥饿性进食。

（2）体力活动或运动。体力活动或运动在于增加能量消耗，结合个人爱好，采取循序渐进、简单易行的方式，以平均每周体重减轻0.5～1.0千克为宜，对肥胖患者来说，选择中等强度的有氧锻炼每日一小时左右，运动后心率每分钟120～130次，应强调的是需长期坚持并与饮食治疗结合。

（3）药物治疗。减肥药物可分为两大类：中枢作用减肥药与非中枢作用减肥药。

（4）手术治疗。该治疗只适用于严重病态肥胖患者，BMI≥40千克/平方米，并具有严重的与肥胖相关疾病。

从幸运患者看体检

◉ 陶绍教

听说老黄摔了一跤，多日不见他来广场下棋聊天。

半月后的早上，见老黄来广场，我问道："久不见你来玩，摔得挺严重吗?"他带着有惊无险的神色道："摔倒无大碍，倒是去医院检查时，查出了肺穿孔。医生说幸好发现早，服药治疗可康复。真该感谢摔了那一跤，要不哪会去医院检查？想来真幸运。"

是的，老黄真幸运！摔了没伤着，反而获知患大病，及时治疗促康复。

生活中，大多数人只要吃得下、做得工、玩得乐就从不考虑健康问题，更别说自觉体检了，非等到病痛厉害才上医院。此时大多疾患已是中晚期，失去最佳治疗时机，难以治疗甚至无可救药。悔之晚矣！这样的悲剧常在我们身边发生。

我表哥当兵二十多年，身体壮实。转业后，单位每年组织员工例行体检。表哥常在人前说，他身体壮实，鬼都怕他三分，何况疾病！虽是玩笑话，但说明他对健康的盲目自信。正因如此，他从不去参加体检。五十六岁那年，他觉得老是困倦不已，才去看医生，竟是晚期肝癌。

表哥的肝癌，绝不是短期内形成，而是历经了多年发展，由小毛病日积月累恶化而成。如果他敬畏生命，善待身体，维护健康，坚持参加体检，或许早就发现疾病苗头并将之消灭在萌芽中，使生命得以延续，拥有幸福晚年人生。

健康问题上，不能靠幸运，应发挥主观能动性。特别是中老年人，要坚持健康生活方式，保持良好心态，更要坚持常规体检。无病预防、小病重视、大病早治，这才是保障生命健康的最佳途径。

常散步健大脑

◉ 王文咏

散步是一种最简单、最方便的运动方式。当我们感到工作、生活压力大，出去走走，散散步，可以使精神放松，舒缓疲劳，减少忧郁与压抑的情绪。散步看似随意，其实还有十分重要的健美功效，能让人精神焕发，面容润泽，提高人体免疫力，保持年轻状态。对于上班一族来说，早晨适当散步，可以心情愉悦地面对新一天的工作。

从身体健康角度来讲，散步能促使血管弹性增加。散步时，通过我们大腿的持续运动，促使更多的血液回到心脏，有利于改善血液循环，提高心脏的工作效率。散步还能维持人体的钙平衡，保护骨骼健康，并有助于氧化体内多余的脂肪，减轻体重或维持体重在适当的水平。

多走路还可以维持大脑的正常思考能力和记忆力，延缓衰老。运动量的多少会直接影响大脑体积的变化，如果老年人大脑体积缩小，就会影响到记忆力。运动量少的，大脑体积也会小；运动量多的，大脑的体积就大。因此，多走路有助于维持大脑的体积。

平时走路多的人，大脑灰白质体积大，患认知障碍症的风险较低。

放松手指助血液循环

◉ 冯玉婷

自从因腿脚不好摔了一跤后，宋大爷现在都要拄拐杖行走。可是，拄了拐杖之后，腿脚上的问题解决了，手上却出了问题。拄拐的时间一长，他就开始觉得手指麻木，到底怎么回事呢？

原来这是因为老人拄拐的时候，将拐杖握得太紧，导致末梢血液循环不畅，因此手指会发麻。

有的老人怕摔倒，走路的时候太紧张，握拐杖力度过大，手指就有可能发麻。如果平常有手指发麻的情况，可以每隔30分钟甩手放松一下，让血液重新循环顺畅。

除了拄拐，有的老年人喜欢戴玉石戒指或玉石手镯。但随着年纪的增长，手指或手腕可能会增胖，戒指或手镯就会变得越来越紧。特别是戒指，很多人因担心戒指戴着宽松易掉，往往喜欢佩戴稍紧的戒指。一般来说，人们早晨睡醒后身体会有轻度浮肿，戒指卡在手指上会导致手指肿胀很难摘下。年纪大了之后，指节会增大，手指也容易变粗，戒指很可能卡住手指。

如遇戒指太紧摘不下来，千万不要用力拽。可将戒指向上拉，给手指上的骨关节留出空隙，容易摘下戒指。如果这种方法还拿不下来，可把手放在冷水里浸泡，再用油或肥皂涂抹手指，轻轻转动戒指将其取下来。

久坐的风险有多大

◉ 黄伟杰

“久坐不动”危害健康。曾有研究显示，久坐可能会诱发一些腰腿类疾病，提高患心脏病等心血管疾病的风险。单次静坐60分钟以上，死亡的风险会翻番，而且后期额外的运动也不能改变这个结果。

久坐伤身伤在哪儿？

心脏病　久坐少动者，血液循环减缓，血液黏稠度增高，心肌收缩乏力，患冠心病的风险要比经常运动或体力劳动者高4倍。

前列腺炎　久坐易导致前列腺血液循环不好，代谢产物堆积，腺液排泄不畅，容易造成前列腺慢性充血，进而引发前列腺炎。

颈椎病　久坐者，头部常处于前屈位，颈部血管受压，肌肉紧张，颈椎随之僵硬变直，引发颈椎病。

“办公室工作癌”　久坐使肠道蠕动减弱，粪便中的有害成分包括致癌物在结肠内滞留并刺激肠黏膜，再加上久坐者局部血液循环不畅，容易导致肠道免疫屏障功能下降。有专家把因在办公桌前坐出来的结肠癌称为“办公桌工作癌”。

建议每静坐30分钟，起身活动5分钟左右。另外，经常做做小腿和足部的运动，有意识地伸展下肢，做下蹲等动作，可加快下肢血液流动，减少心血管等多种疾病的形成。

老花眼的防护

◉ 曾宏舒

老花眼是眼病，随着年龄的增长，晶状体核逐渐硬化，使晶状体的弹性逐渐衰弱，因此眼的自我调节作用随之减退，从而看近物模糊，伴有调节性疲劳症状，多发于中年。本文介绍几种眼睛养生方，意在帮助中老年朋友保护双目，防治老花眼。

目勿妄视

“目者，心之使也。”目妄视不

仅耗精，而且损神。《老子·道德经》称：“五色乱目，使目不明。”在生活中要避免强光对眼睛的刺激，如不可直视太阳光、电焊光、强闪电等。在雪地活动宜戴墨镜，防止“雪盲”。

目不久视

《内经》云：“久视伤血。”《养生四要》指出：“目者，神之舍也。目宜常瞑，瞑则不昏。”中老年人在工作、学习之余，宜常闭目养神、养目。看书、看电视不宜过久。

目宜常运

即在睡起之时，自然坐位，全身放松，意守丹田，轻闭双目，使眼珠向左、右分别轮转 14 圈，再闭目片刻后突然瞪大双眼。

目宜常熨

熨目可使局部气血流通，减轻眼睛的疲劳，调节眼肌的紧张状态。方法是：早晨起床后，先将双手掌互相摩擦，待手搓热后，以双手掌敷于双眼，熨五秒钟，反复三遍，午睡后再做一次。也可用热毛巾熨目。

目宜常浴

将杯中盛满温开水，净手后往眼珠上撩水 20 下，撩水的过程眼睛要睁着，使眼珠与温水充分接触，水的温度应以眼睛感到舒适为宜。

捏目四眦

将双手的食指、中指张开呈 Y 形，同时以双手食指、中指分别按捏两眼眼窝骨框四角（先按双眼眼窝骨框上四个角，再按下四个角）。《圣济总录》记载：“以手按目四眦，三九遍捏（即 27 次），会见光明，是检神之道也。”这是古代相传的眼保健操。

药茶补目

中药菊花、决明子、枸杞皆有清肝明目之功，可补充眼睛所需营养和微量元素。

足疗醒目

老花眼患者在足反射区（位于双脚节二趾、三趾根部，左眼老花眼在右脚上，右眼老花眼在左脚上）有明显的压痛点，没有足疗工具的患者可用圆珠笔笔端球面代替，在足反射区采用点压手法（按一下，抬起来）按压五分钟（200 ~ 300 下），由酸胀感直至微痛。每天早、晚各一次，需要坚持一段时间方能见效。

其实不管什么养生保健方法，都需要持之以恒的锻炼。以上防治老花眼的养生术老年朋友可酌选两三种，按要领坚持做，贵在坚持！

用一侧牙齿咀嚼不好

◉张　晔

有些人喜欢用一侧牙齿咀嚼食物，而没有左右侧牙齿交替使用，这在医学上称为“偏侧咀嚼”，这会对口腔健康造成一定的影响。

在咀嚼食物的过程中，食物和唾液对牙齿有清洁作用，如果仅用一侧牙齿咀嚼，另一侧牙齿则易沉积牙垢、牙石和牙菌斑，从而导致龋病、牙周病的发生。

其次，咀嚼可以对口腔颌面部的骨骼和肌肉产生生理性刺激。如果偏侧咀嚼则会导致颌面部发育不对称以及咬合紊乱、错牙和畸形的发生。

另外，偏侧咀嚼还会使两侧的颞下颌关节活动不协调，导致关节功能紊乱，而出现关节弹响、疼痛、开口障碍等症状。

所以，有偏侧咀嚼习惯的人应及早改正，如果因一侧牙齿龋坏或缺失造成的偏侧咀嚼，应及早修复龋齿或缺失的牙齿，以免影响口腔健康。

（作者系北京中日友好医院副主任医师）

吸烟不仅仅是坏习惯，还是一种慢性病

◉ 黄唯岗

平时大家都认为吸烟只是一种个人习惯，甚至连许多医务人员都这么认为。其实早在1998年世界卫生组织就已经将吸烟作为一种慢性疾病列入国际疾病分类（ICD－10），其编码为F17.2，属精神神经疾病。目前我国规定，三级甲等医院必须把吸烟作为既往史的重要病史之一进行询问，并规定必须将烟草依赖作为疾病写在诊断一栏，以警示吸烟者早日摆脱烟草依赖，恢复自身健康。“吸烟不仅仅是坏习惯，还是一种慢性病”的说法并非危言耸听。

为什么世界卫生组织要把吸烟定为一种疾病呢？这是因为吸烟者对烟草具有依赖性、成瘾性，吸烟成瘾的实质就是尼古丁依赖。事实上，人对烟草中的尼古丁的成瘾性比吗啡强5～10倍。当吸烟时，烟草中的尼古丁与大脑某个部位的尼古丁胆碱能受体结合，引起另一个部位释放多巴胺，可使吸烟者产生短暂的愉悦、思维敏捷、脑力增强、减轻焦虑和抑制食欲等情况，从而令吸烟者想继续吸烟，久而久之，吸烟者的心理和生理就对尼古丁产生了依赖。一旦成瘾，每30～40分钟就需要吸一支烟，以维持大脑尼古丁稳定水平，当达不到这一水平时吸烟者就会感到烦躁、坐立不安、恶心、头痛并渴望补充尼古

丁。我们把这些症状均视为停止吸烟后的戒断症状。而长期或大剂量吸入尼古丁可导致机体活力下降，记忆力减退，工作效率低下，呼吸肌麻痹、意识障碍，甚至造成多种器官受累的综合病变。这就是为什么世界卫生组织把吸烟定义为一种慢性复发性疾病，把烟民视为慢性患者的原因。

老年人多练深呼吸

◉ 卜庆萍

人类时时刻刻离不开呼吸。据我国呼吸科专家统计，城市中一半以上人的呼吸方式不正确。英国一项研究显示，90% 以上的成年人不会有意识地调节呼吸。对身体较弱、患有慢性疾病的老年人来说，掌握正确的呼吸方式更为重要。

经常做深呼吸运动有助于改善身体条件，使老人健康长寿。具体体现在以下几个方面。

1. 深呼吸锻炼可预防、缓解疾病，促进身体健康。慢性支气管炎、肺气肿、支气管哮喘等被大家熟知的疾病，都是呼吸道系统慢性疾病，它们往往会对机体造成严重的伤害。长期坚持深呼吸锻炼能够有效提高呼吸肌的收缩能力并使其恢复弹性，同时，胸部的扩张力及肺活量也会大大增加。

2. 每天进行深呼吸锻炼能够充分调动肺泡工作，从而有效降低血压。我们平静地呼吸时，只有一部分肺泡充分工作，其他肺泡则处于静息状态。在深呼吸时，绝大部分肺泡可充分参与运动。另外，由于肺泡在工作时会产生前列腺素，在深呼吸时，前列腺素明显增加，进入血管之中，会使血管扩张，血压自然降低。

3. 经常深呼吸能够放松大脑，调节神经系统，放松身心，睡眠质量得到改善。还可以促进肾的吸纳功能，从而达到养肾的目的。

如何正确地深呼吸呢？最重要的是，要注意呼吸是否均匀、缓慢。吸气时，尽量用鼻均匀、缓慢地深吸，直至吸不进气体为止；呼气时，用嘴用力往外吐，想象自己在吹气球，这样才能最大限度地将废气排出体外。深呼吸时还要注意放松身体、集中思想，最好坚持每日锻炼 3 次，每次 10 ~ 15 分钟。

深呼吸也有“禁忌”。尽量选择空气清新的环境，因早上不利于污染物扩散，所以锻炼时间不要太早，最好在早 8 点后，也不推荐晨间在树林里深呼吸。患有冠心病、心绞痛的病人不宜做，容易加重心肌缺血；有慢性气道疾病的患者宜在医师指导下进行呼吸功能锻炼。

老年人的自我观察

◉ 曹健锋

自我观察是老年人保健的重要环节。如心跳不规则、期前收缩、心跳过速或过慢等均要重点观察，有时这些情况可能只是短期存在，但与自觉症状类似，大都为胸闷、憋气、心慌等感觉。到医院后，有可能已完全恢复正常而查不出来，造成诊断上的困难。假如能在发病当时进行，一些即使看来很简单的检查，也能给医生提供重要的依据。比如通过自己的摸脉弄清当时的脉搏是快还是慢，规则与否。仅此一点，心律失常的情况在范围上就缩小了很多。假如能进一步说出脉搏的具体数字、不规则的程度，所提供的这些资料对医生事后的检查更有价值。

一些并不显眼的情况改变，包括胸痛、痰多、痰色黄浓或带血、食欲改变、体重下降、大便习惯的改变及便血、黑便、原因不明的包块，妇女绝经后的阴道分泌物的改变和乳腺包块等，都是主要靠自己发现的。如果注意到这些迹象就可以及早发现重大问题。要注意的一点是，即使经过自己简单处理后症状有暂时好转，还是必须及时就诊，以免贻误。

老年人清晨有三禁忌

◉ 马环峯

当老年人从睡梦中醒来时，您可牢记以下“三忌”。

一忌起床太猛。人在睡眠时，血压比较低，刚睡醒时，血压会快速上升，尤其是部分有晨峰现象的高血压患者，起床过快、过猛，可能会造成血压突然升高而引起脑血管破裂等严重疾病。也有部分高血压患者，由于动脉硬化等原因，出现血管运动障碍，如果体位变动过快，容易出现体位性低血压，出现脑供血不足，引起眩晕或是昏厥。建议起床坚持“221”原则，即刚苏醒时，睁开眼在床上躺 2 分钟，起来后坐 2 分钟，坐到床边等 1 分钟，再站起来活动。

二忌解便太用力。晨起时，血压本来就高，如果用力排便，腹压增大，血压会更快地升高，如果患者脑动脉硬化，一用力就可能发生脑内小动脉的破裂出血。出现大便干燥、排便不畅时，千万别过度用力或屏气，也不要一边屏气一边过度用力。

三忌晨练过早。有些老人五六点钟就外出晨练，此时人容易受寒冷的刺激，使本已较高的血压上升更快，从而增加了脑血管意外的可能性。建议大家把锻炼时间安排在上午10时左右或下午4时左右。

清晨的血液比较黏稠，容易形成血栓。起床后，应尽早喝一大杯温开水，这样能较快稀释黏稠的血液。水10分钟就可通过胃和肠道吸收，进入血液循环，减少中风和心肌梗死的发生。

老年人也应花钱买快乐

◉ 李斐章

听朋友说他们单位的趣事：主管人事科长每逢离退休老人去世都要去殡仪馆送终，每次心灵都受到一次“洗礼”，深感金钱“生不带来死不带去”，在消费观上“豁然开朗”，可感慨过后，生活消费又一切照常了。

这个例子很有趣，是做金钱的主人还是奴隶，其实是任何人都不可回避的问题。对于离退休老人，金钱可以做两种安排：一种是精打细算，尽量存余，节俭的老人都是这样做的。他们苦日子过惯了，舍不得花钱，有钱都存在银行里。这样虽增加了安全感，但最终觉得毫无收获。另一种是把钱花在自己喜爱和有意义的事情上，决不做像葛朗台那样的“守财奴”。

金钱，在生活中绝不是决定一切的。与快乐相比，金钱充其量只是第二位的。明白了这个道理，花钱买快乐应成为离退休老人明智的选择。看准了那些能使你幸福和快乐的东西，就应不惜金钱得到它。为自己买一件心爱之物，偕全家外出旅游，老伴生日时买一束鲜花，为希望工程献爱心……也许有些消费没有实用价值，却提高了你生活的情趣和意义。

现实生活中，越来越多的离退休老人已经觉悟，他们看开了，想通了，懂得如何正确地消费，没有成为金钱的奴隶，而是用金钱买到了快乐、买到了幸福，这才是最重要的。

聊聊春季养生那些事儿

◉ 黄淑芬

春天是阳气生发、万物复苏的季节。中医学有“天人相应”的理论，春主生发之气，天人相应，适时进补，有益健康。专家建议，春季养生首先从“身体大扫除”开始，并抓住春天这一好季节进行春季调理和春季出游，从而达到身心健康。

春天是扫除季节，身体也需要大扫除，多喝水、多吃蔬菜，可以清肠，两周内不摄入任何糖和咖啡因、禁烟等都是不错的选择。此外，春天最好禁酒，饮食不要过量，七分饱就可以了，这样会让你的身体更有活力。

然后就可以进入春季调理。春季调理宜抓住“益气升发、养阴柔肝、疏泄条达”的原则。所谓“益气升发”，即冬季人体新陈代谢变慢，阳气下降，春暖花开之时，正好可以重新补充身体的阳气。练习气功，则可以缓和神经肌肉，平衡自律神经系统。可试试最简单的呼吸调节法，比如静静地坐下或站定，全神贯注在呼吸调节中，一点一点用鼻子吸气、吐气，并重复数次。简单的深呼吸可以排除体内积热，让身体重新获得能量。还可选用药膳，在药物选用方面应避免大辛大热之品而过于生散，也要避免寒凉太过。常用的药物有人参、黄芪、首乌、枸杞、山药等，还可以选用一些既是药物也是食物的中药，如韭菜、葱、生姜、大蒜、大枣、山药等。

春季时，体内的肝胆经脉旺盛活跃，若能在此时好好调养肝脏，便可以增强免疫力，让身体一年都维持在最佳状态。最重要的是情绪要保持平和，少发脾气，多微笑，尽量保持精神愉快。

春季调养要以平补为原则，不能一味使用温热补品，以免春季气温上升，加重身体内热，损伤人体正气。饮食上春季宜甜少酸，还要少吃刺激性及不易消化的食物。春天应该多吃新鲜的蔬菜、水果、豆制品等。

最后，春季是出游的好季节，我们应用五官体验新感受，让歇息已久的精神感官在自然环境中重新复苏。或者在家中布置一个有春天感觉的小环境。

中医养生方面，春季宜养阳气。总的说来，养阳气有三个方面。

其一，春天是阳气生发的季节，立春气温还未转暖，不要过早减掉冬衣，以防春寒损伤初生的阳气。

其二，朝梳头晚沐足，日间进行节奏和缓的运动，以养阳气。春天早上梳头、晚上用淡盐水泡脚，能促进人体气血运行，保健防病。

其三，适当增加甘味食补，以调脾胃之健运。甘味之品在传统医学古籍中记载有很多，如粳米、牛肉、大枣、莲子等。

民谚云：“立春雨水到，早起晚睡觉。”《黄帝内经》也记载：“春三月，此谓发陈，天地俱生，万物以荣，夜卧早起，此春气之应，养生之道也。”立春以后日照渐长，在起居方面也应顺应日照变化，相对冬天来说晚一点睡、早一点起，以利于阳气的生发。人体气血亦如自然界一样，需舒展畅达。这就要求我们克服倦怠懒睡的习惯，适当夜卧早起，增加室外活动，舒展形体，畅通血脉，以助生发之气。另外，睡眠虽然对肝脏有益，但并不是睡眠越多越好。如果肝功能指标尚可，应该进行适量的运动。各人应根据自身体质状况，选择适宜的锻炼项目，例如健走、慢跑等。

让养老充满文化味

◉ 刘广连

很多老人感到退休生活无趣、无聊。无趣、无聊是不少老年人缺乏生活情趣的表现，也是退休后最大的问题。怎样才能使老年人退休生活情趣盎然呢？笔者认为“文化养老”不可少。

首先，根据不同年龄，选择适合自己的“文化养老”项目。比如，年轻一些、身体状况比较好的老年人可以选择健身锻炼，年龄大些、身体状况不太好的老年人不妨选择艺术欣赏；眼神不济但身体状况尚可的老年人尽量选择语言和思想交流，朋友之间谈谈心，互诉衷肠，排解烦恼。切勿生搬硬套他人的做法，刻意去模仿别人。无论选择哪种“文化养老”项目，重要的是增添情趣，既提高养老质量，又提升养生水平，增强幸福指数。

其次，培养多种情趣，努力拓宽兴趣爱好。老年人退休后的生活可能长达几十年，并非有了一两样爱好就算生活充实了，时间长了也会无聊。情趣单一在老年人中较为普遍，他们每天只是散步、健身，或是看电视、下棋、打麻将。要打破这种单一格局，老年人必须培养丰富多彩的文化情趣，使自己经常处于奋进状态，精神上始终保持积极向上的进取姿态，紧跟时代的节拍，不辍学习，勤于动脑，接受新生事物，广交年轻朋友，多向年轻人学习，乐观豁达，善解人意，举止文明，衣着得体，端庄儒雅，注意讲究风范。

笔者退休后的十多年间，一直坚持“文化养老”，每天读书看报、收听广播、上网浏览、查找资料，阅读保健养生、政经文化、名人传记、经典名句、特色新书等，观看体育比赛。这些内容不仅锻炼了大脑，扩大了知识面，还巩固了老朋友，结交了新朋友，让我的养老生活充满了文化味。

“文化养老”丰富了老年人的晚年生活，使他们知足常乐，身心愉悦，晚年生活乐陶陶。

退休生活巧安排

◉ 张素雅

有些老年人退休后一时难以闲下来，仍在努力工作，发挥余热。对于这些老年人，建议在发挥余热时一定要注意身体健康，做到细水长流，留有余地，才能健康长寿。那么，要做到合理安排，就必须讲究劳逸结合，具体要参考以下原则。

限制时间

老人每日忙碌不要超过8小时，一般以4～6小时为宜，最好是4小时。把一些耗费体力和脑力的活动主要放在上午，下午和晚间可主要用于参加一些体育和文化娱乐以及家务活动。

知难而止

遇到难题，不宜坚持，更不要打乱作息时间，要暂时放下，慢慢求解，如有必要，可找家人、朋友商议。如果问题仍然不能得到解决，要适当选择放弃。

中间休息

老人每工作两小时就应休息10～15分钟，外出走走或听听音乐都是不错的选择。同时，要保证午休时间，30分钟至1小时即可。

周末休息

每个周末，都要给自己放假，以休闲、娱乐为主，不要涉及工作。

阶段休整

老人的身体较弱，每隔一段时间，就要进行阶段性的休整，即有意识地休息几天。可选择每半年停止工作1～2周，做些工作以外感兴趣的事情，如旅游、度假等，以放松身心。

心脏起搏器安装者的日常护理

◉ 覃光林

体力活动要适量

病人安装心脏起搏器后，改善了心脏的泵血功能，使心脏供血得到改善，可适当从事日常工作和家务活动。但心脏起搏后的心跳节律，不像正常人那样能随活动量大小而及时调整，若体力活动强度过大，机体会出现供血不足症状。因此，病人活动量不宜过大。

保持良好的生活规律

病人的饮食、作息起居应有规律。改变不良生活习惯，保持稳定良好的情绪，注意心理平衡，保证充足睡眠。体育锻炼要量力而行，以选择散步、慢跑、练气功、种花、养鸟等低强度活动为宜。

避免外界因素对起搏器功能的干扰

心脏起搏器是一种精细的电子设备。它的工作性能可受强磁场、电流的干扰。因此，这类病人绝对禁止进入强磁场、高压线，电视和电台发射站、雷达地区，有发电机、电弧光焊接的场所，以免扰乱起搏器工作，影响心脏搏动。病人也不能进行核磁共振、心电向量、电热疗、磁疗、放疗等影响起搏器功能的检查治疗。

要在“动”中放风筝

◉ 霍寿喜

春天，正是放风筝的好时节。怎样放风筝才有益于人的身心健康呢？至少下面几点需要注意。

有些人在风筝腾空稳定后，将手控线柄固定在某个地方，然后站在一旁，徒手欣赏空中的风筝，这样的锻炼效果就非常有限了。所以提倡在运动中放风筝：放风筝时要手牵引线，来回奔跑，有张有弛，使臂力、腰部及腿部的肌肉都得到有效锻炼。

研究表明，在明媚的春光里踏青放风筝，可以舒展筋骨，让身体随着放飞的风筝而不停地移动，从而活动四肢。同时，尽情呼吸新鲜空气，能促进人体的新陈代谢，改善血液循环。放风筝时因必须仰望蓝天，视线随风筝远、近、高、低而动，从而使视力得到较好的调节，有利于缓解视觉疲劳。

有些朋友边放风筝边打手机，或边放风筝边聊天，这既影响放风筝的物理效果，也影响放风筝的健康功效。放风筝需要全身心投入，要根据风速的变化及时收放线，这就锻炼了大脑的反应能力。这样的专注投入，也自然而然地消除了人的内心杂念。

自言自语可缓解老人压力

◉ 朱立文

现代心理学家发现自言自语是一种最健康的解决精神压力的方法。老人有心事可以跟老伴、朋友、儿女说，也可以参加一些老年社团。

如果身边没有人，心理学家建议，老人可以对自己或对着镜子里的自己说话。

“自我对话”的目的，是帮助自己对不合逻辑、不合理的思想保持自觉。譬如，把一件小事情看成了天大的事情时，你就对自己说：“这件事情并不重要，也不复杂，不用老惦记着”；对某些事物充满疑虑或者不满意时，你就对自己说：“情况还没有搞清楚呢，有时间我再问问，现在着什么急呀。”

老人千万不要小看自己的这些“言语结论”。因为这些话说出来后，就会使人截断负面思想和情绪的渲染，增加自信，避免情绪过度敏感、紧张、自怜等。因此，心理学家建议，老人们在遇到压力时，可以经常有意识地自言自语。

遵循“四不”原则　退休生活更精彩

◉乐　翁

退休生活怎样才算过得好？世无统一答案，就如量体裁衣。我退休多年，遵循自定“四不”原则生活，感觉良好。

不闲着

人的诸多毛病，包括身体的、心理的，皆由懒散而生。所以，我力争不让一日闲过，自己天天找事做，其中主要是健身和写作。

不累着

人老不比年轻，凡事须量力而行，否则，非但闲而多病，累亦有害。譬如健身不逞强，写作不熬夜。该服老时就服老，这不是丧志不作为，而是有效把握生命弹性，此乃人生大智慧。

不平庸

人可以平凡，但不可以平庸，老亦如此。我健身虽未练就金刚不坏之躯，但也称得上身体倍儿棒；写作虽未成气候，那累积起来的“豆腐块”，也足以让我独得其乐。人未必都成大器，但总要有自己的闪光点。只有这样，老来回首往事时才敢说：我未负此生。

不奢求

人的生命有限，但欲望无穷。因此，我总是提醒自己：不必羡慕有人位高权重，不用觊觎别人拥有万贯家财，只要活出个性，活出自己，就是把生命的强度发挥到了极致。若此，何憾之有？

有此“四不”给力，焉能不天天喜颂夕阳好，老来何惧近黄昏！

74岁老汉写诗获奖无数

◉ 贺文兵

在长沙，有一位74岁老汉爱诗、写诗的故事让人津津乐道。他就是黄建中，13岁停学的他看书学写诗，一写就是60年，作品频频获奖。

黄建中是宁乡龙田镇人，虽然读书不多、文化不高，但从小酷爱诗联、书法。“我本来会读书，但家有五个姊妹，父亲身体不好，家庭贫困，缺少劳动力，父亲就让我停了学，回家出工挣工分。”黄建中说自己只读了6年书，停学时才13岁。

停学后，黄建中并没有丢掉书，闲着的时候他就借书看。“《三国演义》《封神榜》《岳飞传》看了好几遍。没有书看了，我就看诗词，觉得它有味、顺口，还学着写诗。”老人回忆起年少时的往事仍兴奋不已。

1990年，黄建中跑到宁乡县城做生意，几年后走出生活的困境，更有精力钻研诗了。他把自己很满意的诗作拿去请诗词界的老师修改、点评，人家看了后摇头说：“你这不叫诗，是顺口溜，顶多算打油诗。”在老师的点拨下，黄建中才知道诗词是讲究平仄对仗的，要求十分严格。

1992年，在宁乡诗词界大腕徐拂荣老师的指导下，黄建中取得突破，写出的东西终于可以称为诗了，但并不精深。1993年，宁乡成立香山诗社，黄建中加入其中，虚心向诗社社员学习，进步惊人。不久，黄建中出版诗联赋《怡心斋吟草》第一集；2016年又出版诗联赋《怡心斋吟草》第二集。

从2007年开始，他陆续参加县、市、省的征联比赛，宁乡县举行第一次沩山佛文化节征联大赛时，一、二、三等奖被他一人通吃。2010年至今，黄建中无数次参加全国诗联赋大赛，获奖230多次。

“黄建中是个为人热情而朴实的人，这从他的作品里就看得出来。他的作品朴实庄雅，灵而不涩，用典无痕，推陈出新。”中国诗词协会副会长郑万才如此评论黄建中和他的诗作：“写得最美的是他的七言绝句，很有看点。”

黄建中的《精卫填海》七言绝句，让人爱不释手：“命丧狂澜恨不休，誓填沧海报仇雠。可怜衔尽西山石，依旧滔滔浪未收。”“最难写的是绝句，要是处理不好，就变成了没有韵味的打油诗、顺口溜；七言律诗，需要在中二联上下足功夫，在尾联上做足文章，炼出既精彩又不失严谨的好句子；五言律诗包括五言绝句，要多在‘炼’字上发力，炼出色彩，炼出情调。”谈起作诗，黄建中滔滔不绝。

我唱歌　我健康

◉王　玉

从年轻的时候我就喜欢唱歌，只要环境允许，嘴里都会哼着歌。退休之后的十多年，我更是把唱歌作为锻炼身体、调节情绪的主要项目。

我有这样的体验：烦闷苦恼的时候，没法子排遣郁结，但只要放声歌唱，一会儿就感觉心情轻松了许多。因为唱歌时要集中注意力，种种郁闷会完全抛在脑后，全身心地沉浸在歌曲优美的意境中，尽情享受音乐带来的艺术美感，从而摆脱心理束缚。唱歌时还可以将自己带入歌曲所吟咏的情境中，借唱歌倾吐心声，抒发情感。

爱唱歌还让我的记忆力增强很多。老歌新曲成千上万，歌词更是内容繁杂、浩如烟海，不用心很难记得清清楚楚。因此，我感到唱歌对于我还有健脑的功效。

经常唱歌，也会消耗一定热量，因此，是我锻炼身体的好方法。歌唱时长短呼吸，使我的机体代谢增加，促进了身体的新陈代谢，改善了心脑血管的功能，降低了高血压、心脏病、糖尿病发生的可能。

无论你是否相信，我感觉到唱歌也是一种全身运动。唱歌的时候，要开动脑筋唱出歌词，要保持正确的站姿，均匀地呼吸，从胸腔内发出高亢的声音，并配合面部表情的变化，有时还要做手势或者边唱边翩翩起舞。是运动就要消耗体力，往往几首歌唱下来，要消耗我很多的能量，从而起到减肥的作用。

我唱歌，我健康，你也一起来吧。

乐龄信箱

人老心不老，养生先养心

中医认为心正才能身正，心理不健康，必然会导致躯体的不健康。养身先养心，这是中医学最基本的养生观。

早在春秋战国，诸子百家对中医心理养生就有比较精辟的论述。古人将善心、定心、全心、大心等作为最理想的心理状态，以这些作为内心休养的标准。具体地说，养心要做到三点：一是正静，即形体要正，心神要静，如能这样，就有益于身心；二是平正，也就是和平中正的意思，平正的对立面，就是“喜怒忧患”；三是守一，就是说要专心致志，不受万事万物干扰，如此则能心身安乐。从此以后，历代医家皆重视心理养生这一基本观点，对心理养生的论述，散见于历朝历代的心理养生方法不计其数，至今也在不断地指导着人们的健康实践。

活到老　学到老

◉ 梁景岚

我80多岁了。65岁时我还在返聘岗位上，就踏进了东城老年大学的门槛，过上了“背起书包重操儿时欢”的读书生活。一晃十余年了，期间学习绘画山水花鸟和诗词写作，从初级、中级、高级到研究班、创研班，至今还在坚持着。对此，同事、同学、朋友多有调侃，说我非要读到博士后才肯毕业。

退休后闲下来，时间自然充裕不少，不但自己随意支配，别人也会帮你支配，如同事、朋友、同学、家人都会相约参加各种活动，旅游、聚会、娱乐、闲聊，无疑会丰富自己的退休生活，但却都不是我的“主课”。当我走进老年大学，很快就有了一种归属感，上学了就要遵守校规，按时上课、按时交作业，成为我退休生活的“主课”，是文化养老的最佳选择，所谓“背着书包上学堂，回家愿为儿孙忙”，其乐融融。如今家人、亲朋也都认可了我的上课时间是不可以轻易占用的，现在凡有什么活动安排都很自然地“照顾”到我的上课时间。这也是我能坚持十余年学习的结果，除了工作需要出差，基本全勤。

上老年大学让我收获颇丰。几年中我出版了《个人画集》《书画同源》《书话集》《学画集》等四本习作；在东岳廊办了个人画展，各种获奖证书占了书柜一角，还受到了许多媒体的采访。我可以自豪地说：十多年的老年大学经历，我赢得了宝贵的岁月、闲置的时光。人，特别是老人，只有赢得了时间、赢了岁月才是真正的赢家。

人是需要鼓励的，而最好的鼓励是来自自己。学者余秋雨先生曾在我的《诗画同源》文集中题词说：“青年是一个险峻的年岁，中年是一个当家的年岁，而老年才是‘诗化’的年岁。您的诗化岁月，才刚刚开始，希望通过你们的示范，能让一些奔波在人生路途上的青年人和中年人，获得有关生命的一种终极性安慰。”希望我和我的朋友们更加珍惜这“诗化”的岁月，做一个可爱的老人。

八旬老人学会7种乐器

◉袁 艺

西安市兴庆公园一处僻静的地方不时飘出《月光下的凤尾竹》轻柔的旋律，吹奏这个曲子的是一群葫芦丝爱好者。其中一位老人沉浸在优美的旋律中，吹得非常投入。听说这位老人不光会吹葫芦丝，还能演奏好几种乐器。

吹奏了一阵葫芦丝，这位老人又换上了巴乌，滑音、打音、吐音、颤音、飞指、抹音等技巧运用得非常熟练。吹了几曲停下来后，老人说今天没带萨克斯，要不然还可以用萨克斯吹一曲。老人姓铁，今年80岁，是从电建公司退休的工程师。

铁师傅上学时学过音乐，会识简谱，工作后没碰过乐器，退休后才开始学乐器演奏。刚退休那会儿钢琴很流行，他用“私房钱”买了一架钢琴，报了培训班练习弹钢琴。因为年龄大、记忆力差，指头不灵活，磕磕绊绊练了好几年，终于可以弹出好听的乐曲了。

由于钢琴没法带上与大家一块儿娱乐，后来铁师傅又买了电子琴、手风琴，经过不断练习弹奏，水平越来越高。老人聚在一起搞活动，每次都让他伴奏。就这样，铁师傅不停地学习各种乐器演奏技巧，还学会了吹口琴、萨克斯、巴乌、葫芦丝，成了一个“多面手”。

铁师傅学乐器，除了上过钢琴培训班，其他乐器都是自学的，老师就是公园里的各种乐器演奏爱好者。他说，兴庆公园高人很多，大家经常聚在一起相互切磋、取长补短，学起来也很快。

每天来到公园，铁师傅与大家不仅切磋演奏技巧，还交流生活感悟。铁师傅说，老人容易因循守旧，最怕寂寞，有爱好就能找到知音与快乐，自己通过不停地学习各种乐器演奏，生活始终有新鲜感、成就感，精神自然就好了。

最美的银发舞蹈演员

◉ 刘　莹

虽已满头银丝，但75岁的孙纯月仍旧可以在音乐到达高潮时做一个漂亮的大劈叉。她舞动20米长的彩绸，缝制漂亮的衣服，笑着谈起自己戏剧一样的人生……

孙纯月是个孤儿，15岁那年被选入辽宁省艺术学校学习，后来留校任教，主要教京剧。业余时间去话剧团学习过化妆与制作舞台服装、道具、头饰的方法。因为很好学，练功又刻苦，孙纯月身上有很多伤。1992年她翻跟头摔倒了，从此病退，退休后组建了以自己名字命名的艺术团。

每周一、三、五，孙纯月都会准时来到山东庙街道铝镁社区二楼的活动室，与团员们排练两个小时。虽然都是六七十岁的老人，但大家排练的气氛十分活跃。

团里的经典舞蹈是孙纯月自己编排的，结合了古典舞、水袖舞、斗牛舞、现代舞等舞蹈形式，连配乐都是孙纯月找人改编合成的。其中穿插一段孙纯月的独舞秀，她穿着橘色小短裙，随着音乐跳着灵活的舞步，还可以流畅地劈叉，惊艳观众。

“这些衣服、头饰都是我自己做的，看这个布料的颜色，不是纯绿，也不是纯蓝。这个布料我当时一眼相中了，就剩十多米都让我包了，回来一共做了13套衣服。”说到演出服装，孙纯月很是兴奋，对自己的作品十分满意。

2015年，为了参加百姓春晚，孙纯月连夜赶制演出服，结果意外摔倒，躺床休养好几个月。“当时医生说我康复之后能自己上厕所就不错了，可是我一边学习跳拉丁舞，一边锻炼康复，现在又可以上台表演了。”

孙纯月还经常带着团员到敬老院等地义务演出。“有一次，传承团找艺术团去造化乡敬老院义务演出，别的艺术团都不愿去，我们毫不犹豫就答应了。”其实她加入雷锋精神传承团已经16年了，她们还作为雷锋精神传承团的成员，去澳门表演。

让孙纯月一直坚持义务演出的精神力量来源于她在1962年参加的团代会，聆听雷锋作报告，孙纯月感同身受，“我很受鼓舞，决心以后也要助人为乐，奉献社会。”

是舞蹈让这位年逾古稀的老人仍然神采奕奕，让她成为最美的银发舞蹈演员！

95 岁老人健身不输年轻人

◉ 吴　媛

健步走 10000 步，俯身下压 45 次，坐姿推胸 36 次，三组 7 公斤哑铃侧举，连做十几个仰卧起坐……把这些项目每天都做一遍，一般年轻人都很难坚持下来，可一名 95 岁的老人却做到了。这位老人就是李家乃，在沈阳市香炉山路第四干休所院内，许多邻居都知道李家乃老人。

李家乃老人 1922 年出生，经历了近半个世纪的风风雨雨，一直到 75 岁，他才离开自己热爱的工作岗位，回家安度晚年。

老人不爱打牌，不会跳舞，爱写字、爱唱歌、爱朗诵、爱运动。对他来说，“锻炼”已成为他独特的生活方式，深入骨髓。每逢被人问到为何那么喜欢锻炼身体时，李家乃总会这样说：“锻炼让我有更多正能量。人活在世上，要做事，做事需要健康的身体、健康的思想，如果这几样不能综合到一起，就可能产生负能量。好的锻炼就是生活的一部分，可以让生活充实起来，人也会更精神。”

为了锻炼身体，95 岁的李家乃甚至在家建了一个迷你“健身房”，每天都会花一个小时在里面做运动。健康的生活习惯，坚持不懈的锻炼，再加上积极正面的人生态度，让这位老人每天充满活力。95 岁高龄的他依然有着令人羡慕的肱二头肌、肱三头肌、腹肌和腿部肌肉。

每天下午，李家乃都会在这些健身器械上做一个小时的力量练习，两个 7 公斤的哑铃在他的手上迅速举起、放下。“这个提拉动作是热身练习，每次做三组，每组 8 ~ 12 个。”李家乃一边用哑铃锻炼，一边做着介绍，说话间没有感受到他有丝毫气喘或疲惫。

“没有好体格就做不了事情。”李家乃经常向儿女传递这样的家训。他认为传递给后辈们一个积极向上的态度，对他们的生活受益终生。

父母“倒走”觅健康

◉ 钟　声

退休后的父母刚住到我这儿时，生活过得还算悠闲。可时间一长，忙惯了的母亲有些坐不住了，瞒着我在学校里早出晚归，捡起了破烂。

拗不过母亲，我只得睁一只眼闭一只眼，由母亲去了。一个月后，患有心绞痛的母亲终于累得住进了医院。出院后的一天，我陪父母在学校的操场上散步。当行至操场中间时，旁边来来往往“倒走”的人群吸引了母亲的眼光。母亲问我：“儿呀，他们倒着走干什么呀？”我对母亲说：“锻炼身体呗！”母亲满脸的不相信：“这样也能锻炼身体呀？我看他们是吃饱了撑的，没事干！”

我瞧了一眼母亲：“妈，你可别小瞧他们倒走。喏，那个老头，他患高血压多年，前些年差点丢了命，可自从人家倒走后，再没听说人家犯过高血压！”说着，我把手指向了倒走行列中最东边的罗老师。母亲怀疑地盯着我：“你说，这倒走还真有那么神奇？”“你可以试试呀。听说倒走不但可以促进人体的血液循环，还可以降血压，更重要的是能起到强身健体的作用呢！”我搜肠刮肚把自己从别人那里听到的倒走的好处一股脑儿灌给母亲。

第二天清晨，我起床后，发现父母的卧室里早已没有了人影。我走到阳台向外望去，只见操场上两个熟悉的身影在倒着走。此后的日子里，父母便一发不可收地爱上了“倒行”。

现在，父母的身体比以往好多了。以前母亲上四楼时总是累得上气不接下气的，可如今，母亲竟然一口气能上下两个来回，脸色也红润了许多。父亲的咳嗽次数也明显减少了。

看到父母身体上的这些变化，我这个做儿子的真的很开心。真的很感谢那些“倒走”的老同志们，是你们，带我父母走上了健康的大道。更要感谢“倒走”这一奇特的锻炼方式，让父母有了一个好的身体，也让老人们有了一个快乐的晚年。

乐龄信箱

健康是走出来的

20世纪20年代初，美国心脏学会奠基人、著名的心脏病学家、多任美国总统的保健医生怀特博士第一个提出：从进化论角度看，步行是最好的运动，它对人体健康有特殊的益处。他创造性地将步行锻炼作为心脏病人和心肌梗死发生后病人康复治疗的方法，取得了良好的效果。他建议健康成人每日进行步行锻炼，并将其当作一种规律性的运动方式。

1997年，有学者对1645名65岁以上老人进行了研究并发现：与每周步行少于一小时的老人相比，每周步行四小时以上者的心血管病住院率减少69%，死亡率减少73%。所以，步行应该成为人们（特别是中老年人）良好的保健运动，它是心血管病的有效预防措施。

养金鱼没那么难

◉王　云

有一些老年人买金鱼是因为孙辈儿喜欢，但养不了多久鱼就死了。其实养金鱼的方法没有那么难，只要按照科学的方法操作，就能保证金鱼健康成长。

我国是养金鱼的起源国家，养金鱼的方法自古就有。古人以陶盆养金鱼，最为正宗，且以虎头盆养最为地道。选盆一般选壁薄广口的盆。这样可以增加水的溶氧量，使鱼儿更好地呼吸。现在也有不少人喜欢用瓷盆养鱼，这样俯视的观赏效果非常好。不管用什么容器一定要记住水不要太深，一般养金鱼，水深控制在30厘米左右就可以了。

选好容器以后，还要学会养水。养金鱼的水最好是老水，这种水富含腐殖质和有益的微生物及藻类，经过氨循环分解的硝酸盐对鱼儿有益。

无论是古代养金鱼的方法还是现代养金鱼的方法，原理都是一样的，都是为了让金鱼长得更好，观赏价值更高。古人会把鱼盆放在能晒到太阳的庭院中，这样金鱼的体色会更加艳丽，而且盆壁也容易长青苔。不要把鱼盆放在阳光过猛的地方。如果阳光过猛，可用竹席遮盖鱼盆，起到遮阳降温的作用。古人会把鱼盆支起来，离地一段距离，使得空气流通。现代养金鱼可以借助很多辅助设备，鱼盆里可以安装过滤器、增氧泵等设备来为鱼儿提供良好的生活环境。用盆养的，可以效仿古人，有条件可以自己加个小气泵，形成对流，这样就更有利于金鱼呼吸了。用鱼缸养的，可以把鱼缸放在能晒到阳光的阳台上，会使鱼儿的体色更加艳丽。

还要注意换水、清洗过滤棉。换水前先打捞起鱼儿的排泄物和吃剩的食物，然后再换1/10的水，如果打捞不上来，就换1/3的水，这样才能维护水质清洁。过滤棉不要经常洗，当过滤棉上布满脏物的时候再清洗。不要用热水，不要用消毒水或杀菌水，最好是用缸内换出的水清洗。

金鱼吃什么和吃多少都要控制好，宜少不宜多。金鱼不知饱，投多少就能吃多少。金鱼的食物也需要合理搭配，不要单一喂食。吃完以后立马把吃剩的东西打捞出来，以免坏水。

现代养鱼的方法中人们喜欢在鱼缸中造景，为鱼儿打造一个美丽的家园。在瓷盆中也可以造景，合理地搭配草、石头会营造出别有洞天的意境。我们通常用的水草有水溶草、铁黄冠以及蜈蚣草等。草的数量和高度一定要和容器相协调，不然不利于鱼儿的活动，也达不到观赏的效果。

春天养花慎防三坑

◉ 筱　编

一年之计在于春，养花也如是。春天虽说是万物复苏的时节，但对养花的人来说还是需要注意一些小细节，否则花很可能就在这个季节枯萎了。

出室不要过早

有些花友，看着外面阳光明媚、风和日丽的，立马就把花搬到窗外或露天阳台上，这是错误的做法。花在室内经历了一个漫长的冬季，室内光线较弱，这几个月它基本上已经适应了，环境突然变化，光线加强，叶片很容易被灼伤。

正确做法：做任何事情都要循序渐进。天气变暖之后，先试着让花花草草多接受些阳光，刚开始可以是两小时、半天，之后逐渐增长，1～2 周之后，再搬出室外。

夜间不能放外面

春天时常会出现倒春寒，气温骤降，早晚温差比较大，并且还会伴随着霜的出现。这对植物的生长是不利的。

正确的做法：天黑之后，就把花搬到室内，早上起来再搬出去，虽然麻烦点，但至少不会影响花的正常生长。一般到 5 月左右，可以直接放在室外过夜。

避免大风、干燥天气

如果在大风天气里任凭植物在室外自生自灭，结果不是吹死就是渴死。

正确做法：风大的日子，如果植物在室外，要注意做好固定，适当地挡风，避免叶子被吹伤。另外，需及时喷水，保证植株生长所需的水分。如果风太大，还是需要搬进屋里。

退休生活因养鸟而欢乐

◉ 张小六

退休前，我是单位的业务骨干，因为技术精良、勤学苦干，多年来一直被单位当成重点人物对待，许多新来的年轻人都拜我为师。虽然工作辛苦，但因为自己热爱，我却一点儿都不觉得苦。可是，当我退休了，周围突然间变得冷清，我也变得言语少了。说实在话，我真的有点不适应。

起初，面对漫长的退休生活，我真的有点担心，顾虑重重。热闹已经不再属于我，寂寞是让人难熬的。直到有一天，一切终于有了改变。这一切缘于鸟。

一天下午，我独自来到单位附近几百米外的一片小树林，还没有走近，就听到各种各样动听的鸟叫声。它们的声音混在一起，似乎杂乱无章，但仔细一听，却又觉得是那么的美妙。我很好奇，慢慢地走近了小树林，走近一看，让我大吃一惊，这里聚集了许多老年人，几乎每个人都手提一个鸟笼，各种漂亮的鸟尽收眼底。也有一些闲逛的人，专门来看鸟和听鸟叫。我在这片小树林里待了一个下午，直到天黑才离开。从那以后，只要天气好，我就去那片小树林。一位养鸟的刘姓老人看我这么喜欢鸟，对我说，你不如也养一只鸟，挺有趣的。我一开始有些担心，担心自己不会养。经过老人一番劝说，我最后决定养鸟。我养的是画眉，因为画眉鸟的叫声我最喜欢。

如今，我养画眉鸟已经有了一段时间，我沉浸在养画眉的愉快时光中。原来我还担心退休后自己无所事事，心情郁闷，自从我学会了养画眉，没事就和老伙伴们一起遛鸟、聊天，心情变好了，生活也变得充实了。

乐龄信箱

室内花卉除尘法

花卉叶面有了尘土，不仅使花卉失去清新的面孔，还会影响花卉的光合作用和呼吸作用。因此，除掉花卉叶面上的尘土，既可以让室内清新整洁，又有利于花卉的生长。根据家庭花卉的不同特点，可采取如下方法除尘。

一、水洗

对一些叶面有绒毛、比较娇嫩或叶片细碎的花卉，如天竺葵（球）、海棠、文竹、吊兰等，可用水喷淋。有条件的最好用喷壶淋水，尽可能不把水淋到花朵上。冬季水温应和室温相同或稍高于室温。

二、掸刷

球类、仙人掌类花卉不宜淋水，可用软毛刷（如羊毛排笔或大毛笔）将尘土轻轻掸掉。

三、揩拭

多数观叶植物如龟背竹、一叶兰、绿萝、万年青及君子兰等，叶片肥大且具革质，如欲使其呈现苍翠、光洁之本色，可先用毛掸等物除去浮土，再用柔软的脱脂棉、洁净的棉丝等蘸少量的清水，轻轻揩拭，即可还其本来面目。

父亲的“六懒”养生法

◉ 李职贤

父亲 87 岁高龄，依然精神矍铄，健步如飞，身子骨很硬朗。一些亲朋好友问他有什么养生秘诀，父亲往往一笑了之，因为他也不知道什么叫养生有术。其实，父亲的养生秘诀我是知道的，那就是一个字：懒！总结起来有“六懒”。

一是自己的事情自己做，懒得找人帮忙。父亲有句口头禅“让我自己来”，凡事不求助他人。比如衣服破了自己缝，农具坏了自己修，屋子脏了乱了自己收拾整理。自己的事情自己做，锻炼筋骨，舒经活血，对养生不无好处。

二是懒得赖在家里，一有空就出去走走，忙活一番。平时，父亲是个闲不住的人，一坐下来就觉得烦闷而无聊，总想找点事情做做，因此，他很少待在家里。生命在于运动，父亲的勤劳习惯，成为他的养生法宝之一。

三是生性乐观，凡事懒得跟人计较，凡事往好的方面想。父亲常说吃亏是福。比如到商店买东西，被无良商家缺斤短两或以次充好，父亲发现后，没有指责对方，认为可能此乃对方的无心之过，于是和颜悦色地指出对方的不当之处，对方赶紧主动赔礼道歉，表示下不为例。因为心胸开阔，不迁怒，不怨怼，喜怒不形于色，自然对身体健康不无裨益。

四是有些事有些话懒得憋在心里，总要找人说出来。父亲性格爽快，啥事都不会藏着掖着，找个值得倾诉的人说出来，才会觉得心里舒坦。不瞒心事，爱倾诉，可以放松身心，有助于父亲养生。

五是平时懒得炒菜，喜欢煲粥吃。粥快煲好的时候，把青菜和肉末儿一起倒进粥里，将其在粥里滚熟后，连粥带菜一起吃。吃粥容易消化，经常吃粥，对父亲来说也是养生的法宝之一。

六是懒得吃肉。父亲不爱吃肉，喜吃素菜。一日三餐，父亲爱吃蔬菜，肉类很少。早餐以粗粮为主，比如芋头、番薯、玉米等。喜素厌荤，对父亲养生也起了很大作用。

不比，天地宽

◉ 李斐章

俗话说“人比人，气死人”。同事老张退休回到家中本应颐养天年，可他偏爱和同事邻居熟人比，比地位比收入比儿女，恨不得如马季相声所说比血压。因为天外有天，比较中产生诸多感慨、不平甚至忌妒，于是心态失衡，小病不断。幸亏老伴儿当头棒喝：“你老是跟他人比有什么用，好好活才是正经的。”于是老张幡然醒悟，迷途知返。

不比，是一种生活态度，是一种境界，更是保持心灵宁静的一剂良药。只要老实做人踏实做事，高高兴兴享受人生就行，为什么要和别人比较，自寻烦恼呢？因为比较而生气是健康长寿的大敌。“既生瑜，何生亮”。三国里周瑜就是总和诸葛亮比才被气死的。对于离退休老人来说，养老首先是养心，养心最重要的是不生气。“淡泊明志，宁静致远”，心无杂念，不计较眼前得失，才会有长远而宽阔的境界，才能益寿延年。

现实生活中爱比较的往往是那些性格内向或孤僻、不愿意与亲友同事交流的人。这样的老人更应该克服自己性格上的弱点，走出狭小的空间，多结交一些朋友，开阔自己的心胸。特别是多参加有益身心健康的社会活动，比如文娱、体育活动，培养和发展自己的兴趣爱好。这样天天都有好心情，而且会发现生活是如此美好。

乐龄信箱

心理年轻“七法”

（1）“返老还童”法。常回忆童年趣事，拜访青少年时代的朋友，这样故地重游，旧事重提，仿佛又回到童年时代。（2）“精神胜利”法。要不服输，保持旺盛的精力，遇到挫折失败不要灰心丧气，从精神到行动都要战胜它。（3）“异想天开”法。极力把自己想象成实践者，摆脱观赏者的地位，做主人，莫做客人。（4）“投机取巧”法。每天做事要尽量开动脑筋，争取做到省时、省力完成好手上的工作。甚至可以想出更多新的办法来解决问题，使工作、生活有条理，心情也就会随之轻松愉快了。（5）“贪得无厌”法。对知识的获取永远不要满足，力求把自己每天的学习和工作安排得丰富一些，使自己的生活充实而多彩。（6）“众采博集”法。要有广泛的兴趣，可以培养自己钓鱼、养花、书法、绘画以及收藏各种物品等爱好，这会使人的精神、身体更年轻，情操更加高尚。（7）“平心静气”法。遇到不愉快、生气的事，不要发脾气或急于行事，先平心静气十分钟，等自己冷静下来再做决定；决不可生闷气、生长气，更要戒暴怒。

祖孙斗智乐无穷

◉ 牛润科

我特别喜欢和小孙子一起玩，我们之间不拘泥于辈分之别。我俩的斗智斗勇成为我快乐生活最重要的一部分。

记得刚玩儿微信那会儿，是小孙子手把手教会我加入微信朋友圈的，可刚教会，遛弯儿回来我就忘了怎么玩了，急得又去请教他。哪知小家伙二郎腿一跷，得意地说："先给师傅倒杯水去！"我就恭恭敬敬地把水端给他。有一天，小孙子缠着我给他做最爱吃的千层饼，我也得意地往沙发上一坐，二郎腿跷得老高说："先给师爷捶捶背。"小孙子乖乖地说："喳！"

前一阵，见小孙子乒乓球打得春风得意，我突然想跟他一决高低。小孙子说："行，可我有个条件。如果我打赢了你，今后你就别去旱冰场上逞能了。"我答应了，结果败下阵来时，就真的把心爱的旱冰鞋压箱底了。其实我知道他是怕我岁数大了摔着。

有一天，我转悠到小孙子的房间，发现几包蓝莓，随手打开尝了几粒，没想到一吃不可收，直到把一袋蓝莓吃完我才想到，等他放学回来发现少了一袋，怎么办？一眨眼，我计上心来。小孙子放学回来打开小包一愣，蓝莓怎么变成了黑枣？在门外偷窥的我乐得差点儿笑破肚皮。

一天孙子放学回家，一进门就对我说："爷爷，我唱歌比我们班小明强多了，可老师没让我参加少年合唱队，却让小明参加了。我很不服气。"我就开导他："放心，是金子你一定会闪光的！"孙子立马反驳道："爷爷，你这话说得不完全对。""为啥？"我不解地问。"假如我不给老师唱支歌，她怎能知道我是个很有潜力的小歌手呢？所以，我不想做你说的埋在土里的那粒金子，我要做一粒让我的理想能长出地面的种子，让谁都能看得见！"说得我无言以对。

我们爷孙俩天天这么斗智斗勇，小孙子说我是电视剧《快乐星球》中的老顽童爷爷赵克明，可我硬说我是《神雕侠侣》中的周伯通。相争不下："来来来，咱俩石头剪刀布定胜负……"

孙子教我五线谱

◉刘 伟

六岁多的孙子在课外班报名学乐器黑管。学了一段时间后，老师说他的乐感、悟性都不错，在同学中是吹得比较好的。孙子在他们班今年迎新年音乐会上单独吹奏了一曲《粉刷匠》。

记得孙子刚说要报名去学一门乐器时，我心存疑惑，我家祖祖辈辈可从没一个人摸过什么乐器呀。学乐器就要学五线谱，这些或许需要有遗传因子吧。孙子才学了几个月就对着满纸豆芽菜的五线谱吹出了一支支的曲子。我好不欣慰，甚感惊奇，立即萌生了一个想法——要向孙子学学五线谱。

孙子一听到我的想法，立马就给我当起了小老师。他在一张白纸上用尺子画了一道道的线，首先告诉我什么是“间”，什么是“线”。而后在那一道道的线上画上一个个音符、谱号，从低音到最高音，再逐个讲解、演唱。我听得入迷，但实在是缺少音乐细胞，仍一知半解。“我来吹给你听吧。”孙子挺耐心的，他拿起黑管给我吹了起来。

此时，我感慨颇多。时光真如白驹过隙，几年前孙子牙牙学语仿佛就在昨天，今日他在给我扫盲，扫我五线谱一无所知之盲。我和孙子有个约定，他有时间就教我五线谱，我则教他英语和书法。孙子对各门功课的学习兴趣也由此大增，今年在学校被荣幸地评为“三好学生”和“魅力少年”。

乐龄信箱

在山水间寻找不老的秘密

原始森林、叮咚泉水、石板房子，还有淳朴的民风，神州的长寿之乡就像是一幅浓郁的山水乡村风情画卷。正是在这好山好水的滋养下，孕育了一代又一代的寿星。

德庆金林水乡：长寿有理：水含有益元素。广东肇庆市德庆官圩镇的金林水乡，是广东著名的长寿村。这里的水源富含偏硅酸、锶、碘、硒和锂等有益元素，而且从大雾山起，该地有一条由北向南的磁负异常带。甘甜的泉水、清新的空气、淳朴的村风，金林水乡自然成了长寿之乡。

古老水乡农家乐：进入水乡先要摆渡，泛舟一段水路，就到了村口。沿着蜿蜒曲折的石径，便看到蜿蜒的山脉和古朴的祠堂群，走到哪里都能真切地感受到当地民风的淳朴。手工作坊是村中的另一个亮点，村民们自己酿酒，自己做豆腐、腐竹，自己榨豆油，等等。每走进一家作坊，主人家都会很热情地向游人讲解他们的生产过程。

退休老妈当"换客"

◉阿　杜

三年前，老妈从小学校长的岗位上退了下来。在退休之初，曾经的工作狂老妈对整日无所事事的退休生活感到非常空虚和无聊，总想着找点事儿做，发挥自己的余热。老妈听说有一个女大学生用一对戒指换来一栋教学楼的事情之后，突发感想："咱们家里也堆着那么多闲置不用的东西，能不能也拿来交换一下呢?"

老妈提出"交换"的倡议，我和妻子都极力表示赞成。老妈先找了一家比较知名的换客网站，输入自己想要换出和换回的物品名称，很快便找到了各种相关的匹配信息。老妈惊喜地发现，小到钱币、饰品，大到房子、汽车，只要双方愿意，在换客网站上什么都能换到。对换客有了初步了解后，老妈先在换客网站上放上一些复读机、卡通笔筒、银耳环等小物品进行试验。没想到，只几天的工夫，老妈就找到了合适的"易主"。老妈看中了一位女孩的一副八成新的羽毛球拍，而那女孩也刚好看中了老妈的 iPad。和对方达成换物意向后，老妈便和女孩约定在公园见面，最终皆大欢喜地完成交易。

牛刀小试便大获成功，老妈做换客兴趣盎然。后来，老妈活学活用把换物信息发布到本地的社区论坛上，受到很多市民的围观和追捧。他们纷纷把自己家里闲置的物品拍成相片发到论坛里，社区论坛还专门开辟了换客版，特聘老妈做了换客版的版主，主持日常工作。

老妈的换客经验越来越丰富，野心也越来越大。老妈竟觉得在网上交换不过瘾，私下里谋划着要开一间实体"交换商店"。在社区主任的大力支持下，老妈在社区一间闲置的屋子里挂牌成立了公益"交换商店"，专门为社区内居民服务。老妈的"交换商店"受到社区居民的欢迎和爱戴，大家积极地把各自家里闲置不用的物品拿到交换商店登记注册，并留下所需的物品记录。老妈每日忙活，累得腰酸背痛，但她乐此不疲。老妈说，能为居民们做点事儿，发挥自己的余热，她内心感到非常充实和快乐，晚年生活也变得有滋有味了。

换客老妈，累并快乐着。

微信抢红包　玩得乐呵呵

◉ 吕云兰

退休后，我开始跟孩子们学玩儿微信，多了一种社交方式，也能和孩子们互动。刚开始我只会小心翼翼地“听”人家聊，自己只是一个看客，偶尔会发表下意见。后来参与了聊天不说，还会用表情或者打油诗调侃气氛。现在是轻车熟路了，什么相册、贺卡，都会做了。

这几年流行微信抢红包，这对我的吸引力可大了。我会经常去群里转转，跟守株待兔差不多。我也喜欢发红包，有时抛砖引玉发一下，其他人也会跟着发。亲友群里还有个不成文的规矩，谁抢到最多，谁就要接着发。这样循环往复，好不热闹，既联络了感情，也有了许多可聊可乐的话题。

曾有人发给我这样一段话：“自从有了红包以后，就完全摧毁了我的价值观。以前地上掉一毛钱我看都不看，现在超过一块钱就觉得是笔巨款，超过五块我就窒息了，超过十块眼眶就湿了……现在一分钱都来之不易啊！锄禾日当午，不如抢钱苦。对着破手机，一戳一上午。戳完一上午，还要戳下午。问你抢多少，总共两毛五！一查流量费，花了三十五。啊——多么痛的领悟啊！”这些话虽然有些夸张，但真的就是我抢红包时的真实感受！

抢红包、发红包，大家闹得不亦乐乎，有点赞的，有感谢的，自我显摆，自我满足。参与这种游戏，何尝不是另一种开心快乐呀！

69岁患癌老人当主播

◉ 石　亨

“各位朋友，早上好，长青松又和你们见面了。”“感谢××送上的阳光，也祝您身体健康。”每天上午10点，大学城康居西城一组团的一间屋子里，都会有嘹亮的歌声和问好声传出。

这是69岁的唐仕刚每天的第一场直播。

去年年底，他成为国内一家知名直播平台的主播，随后没有一天间断。他的简介上写着：“让歌声和舞蹈赶走癌症，捍卫健康！”

每天早上 9 点 40 分左右，吃完早饭的唐仕刚就开始精心打扮。

10 点，唐仕刚准时打开夹在窗边架子上的手机。“亲爱的朋友们，早上 10 点，长青松的第一场直播开始了！”这是他的固定开场白，“长青松”本来是他的微信网名，被他直接用来做主播“艺名”。

唐仕刚早上的直播内容主要是唱歌，手机旁夹着每天早上要唱的歌名，一共 10 首歌，第一首是《敖包相会》。唐仕刚有自己的歌单，贴在家里的墙上和茶几上，一共 101 首，每天从里面调出 10 首进行排列组合。

“惊叹于爷爷的体力，祝你长命百岁！”直播的时候，不时会有观众在留言中感叹“长青松”的记忆力和好体力。

一场直播一个多小时，唐仕刚一直站得笔直，每首歌都是以中气十足的通俗唱法唱完，从不看歌词。

“‘爱你的心’进入了直播间，欢迎你！”每首歌唱完的间隙，唐仕刚会拿出一分钟左右的时间和直播间里的观众互动。“有没有朋友需要花花，长青松给你们送花花。”唐仕刚也常会回送观众一些礼物。

上午 11 点 10 分，唐仕刚完成了他的直播，最后道别时，他面对镜头有些遗憾地通知粉丝：“因为我下午要去南充走亲戚，今天的跳舞直播可能不行了。”下午 3 点 30 分到 4 点 30 分，是他的舞蹈直播专场，时间也是一个小时。

唱歌跳舞是唐仕刚一生的爱好，过去他常常在微信群里给群友们唱歌。四个月前，一个朋友告诉了原本就喜欢玩智能手机的唐仕刚有“直播”这种东西。唐仕刚发现，直播不仅能让网友听到自己的歌声，还能看到唱歌的自己，就开了这个直播间。

直播间开了四个多月，唐仕刚最大的感觉就是锻炼了身体。“一场下来又要体力又要脑力。”一周前，一位医生朋友建议他适当加大运动量，唐仕刚想了想，加开了下午跳舞的直播，也是一个小时的时间。

没有人第一眼就能看出面色红润、行动矫健的唐仕刚是个癌症患者。如果不是每天都要吃药，身体上挂着便袋，唐仕刚自己也都要忘了自己是个癌症病人。每次直播开头，唐仕刚都会介绍，“我是一个癌症患者，但我觉得要高兴地过好每一天。”

哈萨克族老人十年修出幸福路

◉ 江金芳　牛劲梅

在新疆青河县萨尔托海乡哈拉乔拉村，当牧民赶着牛羊转场，走上一条长约10公里、宽3米的简易山路时，都会想到一个为他们造福的人，这个人就是被誉为当代“愚公”的91岁的哈萨克族老人加勒木汗·那斯尔。

十年修一路

加勒木汗·那斯尔出生在一个贫困的牧民家庭，经历了新旧社会，深切感受到没有共产党就没有今天的幸福生活。1959年，他光荣地加入中国共产党。

加勒木汗·那斯尔所住的哈拉乔拉村地理位置十分偏僻，90%的村民以放牧为生。由于交通不便，隔绝了牧民们与外界的联系，尤其是萨木特至赛可尔特的羊肠小道，是萨尔托海乡10万头牲畜转场的必经之路。每年11月，就有800户牧民要赶着牲畜、带着帐篷，翻过一座海拔1800米的大山转场到赛可尔特过冬。因山高坡陡，人畜坠落山坡摔伤的事时有发生，加勒木汗产生了修路的想法。

1997年初，大地刚刚解冻，74岁的加勒木汗便开始着手勘查线路，踏上了修筑牧道的艰难历程。他没有想过，这一决定会耗去他10年的光阴。

每天，他都要在山上干七八个小时。在山上修路时常会遇到危险。有一天，加勒木汗收工回家时遇见一只独眼狼。草原上的人都知道独眼狼最凶狠，老人顺手拿起钢钎准备搏斗，独眼狼不但没有怕，反而准备扑击。这时，附近几只牧羊犬狂吠着跑来，独眼狼才悻悻地走了，老人逃过一劫。

有一次，加勒木汗在刨一块石头时，不小心一脚踩空，从石崖上滑了下来，腿被划破了，鲜血直流，想起身时，怎么也站不起来，这时才发现腰也扭伤了，手腕也摔肿了。家人为了他的身体和安全，阻止他再上山，把他的工具藏了起来。可是，趁家人不注意，他又跑到山上干活了。为了不让家人再没收他的工具，老人从此再不把工具带回家里了，而是藏在山上。

无论遇到多少艰难险阻，加勒木汗都有勇气去克服，他脑子里只有一个念头：一定要把路修好。他用钢钎、铁锤把挡道的巨石一点点敲小，然后再将小石头一块一块地搬移到路边，有时一块巨石他要敲两三天才能敲开。高强度的重体力活，对于一个青壮年来说都十分吃力，更何况当时的加勒木汗已过了古稀之年。有好几次，老人累得躺在路边就睡着了。

10年的时间里，老人为了修路穿烂了17双鞋，用坏了多少铁锹和十字镐他已记不清，他手上、脚上磨出的血泡一层压着一层，身上被石头擦伤、刮伤的地方有20多处。

2006年2月，加勒木汗修路摔伤的腿还没好，妻子又去世了。妻子走的那天，加勒木汗正在山里勘查路线，连最后一面也没能见上。回来时，看着老伴儿的遗体，听着孩子们的哭声，老人心里难过极了……

一个月后，云山相接之处又闪现出了老人的身影。儿子的劝说、老伴儿的去世，没能动摇加勒木汗修路的决心。老人噙着泪花对儿子说："在这个牧场，我的党龄最长、资格最老，是牧民的'巴斯'（领头羊）。我要在有生之年，再为乡亲们办一件实事。"

牧民的幸福路

岁月如梭，转眼间已过去了九个寒暑，加勒木汗修的山路在年复一年中慢慢延伸。可是，在去冬牧场的牧道上，加勒木汗·那斯尔遇到了难关：在距离哈拉乔拉村6公里处有一座险峰挡住了去路。这时，他想到了党组织，于是连夜骑马20多公里赶到了乡政府，找到了乡党委书记，请求帮助解决。

乡党委书记召开乡党委会议，对这条牧道最后6公里的修筑作出部署，并向县委、县政府做出汇报。青河县委、县政府高度重视，制订爆破方案，动员600多名党员干部进驻深山，帮助老人修筑牧道。当年秋天，这条"幸福之路"终于得以全线贯通。从此以后，萨尔托海乡牲畜转场每趟都可以少走20公里路了。这条倾注着加勒木汗老人心血与汗水的路给当地牧民们带来了实惠。

弘扬无私奉献精神

如今，已91岁高龄的加勒木汗·那斯尔老人神采奕奕，思维清晰，耳不聋，眼不花，藏蓝色的外套上别着一枚党徽。回忆起那段修路的岁月，他无比自豪。

乡党委为了弘扬他的精神，于2012年建立了加勒木汗·那斯尔红色教育基地。2009年12月，加勒木汗被青河县授予"道德模范"。2013年12月，他被新疆维吾尔自治区党委宣传部、自治区文明办授予"最美新疆人"等荣誉。

如今，加勒木汗的儿子默默接过父亲手里的铁锹，承担了维护山路的工作。加勒木汗的三儿子库热斯说："我会把爸爸吃苦耐劳、无私奉献的精神继续发扬下去。"

（选自中国老龄事业发展基金会编《书写人生第二春》，中国社会出版社，2017：4－6）

一颗助学心　点亮万盏灯

——记福建省仙游县八旬“助学翁”曾德梅

◉ 陈国孟

“六十退休志不休，丹心奋起重开头。弘扬助学作贡献，余热生辉夕阳红。”这是有55年党龄、被誉为“助学翁”的爱心老人曾德梅随身携带的一首自勉诗。16年来，他的足迹已遍及福建省仙游县300多个村200多所学校，筹措资金3024万元，圆了18323名贫困生的求学梦。因此，他先后获得“首届感动福建十大人物”“首届中国十大老年新闻人物”“全国关爱女孩十大新闻人物”“首届八闽慈善奖”“世界关爱日形象大使”“全国道德模范提名奖”和“全省优秀共产党员”等殊荣。

信念——开启了助学之路

1998年年底，退休多年的曾德梅随同仙游县妇联“春蕾计划”项目实施者下乡访贫。一个个贫穷不幸的家庭、孩子们一双双渴望求学的眼睛，震撼着他的心。他当场掏出身上仅有的600元钱，决定和3名特困生结对子，长期资助她们上学。

为了力所能及地帮助更多贫困生圆梦，曾德梅这位瘦弱的老人从此奔走于穷乡僻壤。他头戴褪色的鸭舌帽，身穿发灰的中山装，手提一个装满资助材料的背包，登门造访，收集特困生材料，拍照、建档、造册，有时还会被人误认为是“骗子”。他磨破了十多双解放鞋，累了就靠在树下休息，饿了就啃啃馒头。每个月要从1000元退休金中省出500多元用于这份额外的支出，但他乐在其中。

感动——荡开了爱的涟漪

个人的力量毕竟有限，曾德梅决定以自己的行动唤起社会的力量。他不厌其烦地走访企业家和干部职工家庭，为贫困生寻找资助人。很多人不解：“放弃清闲的退休生活，终日奔走，图啥呢?”他总是笑笑。从小因贫困被迫辍学的他更理解孩子们求学的渴望，身为一名老党员的他更明白自己的职责。

十几年来，在曾德梅的助学精神感召下，热心者争先伸出援手加入扶贫助学行列，共同谱写爱的篇章。枫亭镇斗北村106岁的肖大娘不仅自己助学，还带动一家五代扶贫助学，如今已资助学生20多名；港商朱展东一次性捐资100万元帮助学生206名；82岁的老党员张国祥捐资60多万元资助100多名贫困生；93岁老人黄文谦靠自己打工挣钱助学，累计资助400多名学生；

摆摊卖水果的"爱心阿姨"、62岁的个体户林瑞容，持续10多年捐资助学80多万元；马来西亚侨胞卢金峰捐资140多万元结对助学……越来越多的人主动联系老曾，自发助学，播洒着浓浓的爱心。

爱心——让梦想之路充满阳光

为了不让老人疲于奔波，仙游4位热心大学生为曾德梅建起了"仙游爱心网站"，设立专项助学账号，利用网络拓展帮扶特困生的渠道，吸引更多网民、仙游籍侨胞加入助学行列。看到孩子们有了新的希望，曾德梅心里倍感高兴。

为了实现助学工作的规范化、制度化、经常化，2004年仙游县成立了由曾德梅担任常务副会长的助学联合会，建立起助学长效机制。在"曾德梅爱心助学品牌"感召下，仙游不断掀起群众性助学活动热潮，出现工厂开业助学、寺庙善款助学、党员"七一"助学、干部结对助学、青年热心助学等新气象。目前参加助学的社会各界资助者达3000多人，其中党员900多人，让助学之路一直充满爱的阳光。已获得105项荣誉的曾德梅说道："孩子是国家的未来，是社会与家庭的希望！助学之路还很长，我要在有生之年尽我所能，让更多的贫困孩子念上书！"

（选自中国老龄事业发展基金会编《书写人生第二春》，中国社会出版社，2017：16－18）

提前十年规划退休

◉ 王大华　王一牛　孙新宇

退休后，有的老人过得丰富多彩，有的倍感空虚无聊。西班牙阿利坎特大学最新研究指出：是否做好退休规划，决定着你走进哪种生活状态；提前5～10年开始规划退休生活的人，晚年生活过得更健康、快乐，还普遍长寿。但专家表示：现实生活中，多数人并没有提前做好退休规划。

没规划的退休犹如急刹车

李先生今年61岁，退休前，在政府部门担任领导，每天要管的事很多。退休后，忙碌的生活突然变得闲适，李先生非常不适应。据他儿子介绍，父亲原本性格随和，即使遇到不高兴的事，也不会乱发脾气。但退休后，性情大变，稍不顺心就大发脾气。与此同时，李先生还出现心慌、胸闷、失眠等不适，每到固定时间就会坐立不安。家人问他怎么回事，他说："这个点，该开会了。"被家人劝着去就医后，李先生被诊断为"退休综合征"。

北京大学第六医院老年科主任孙新宇告诉记者，李先生的例子在门诊中并不少见。很多人离开工作岗位后，适应不了突然改变的生活，表现出性情变化明显、注意力不能集中，严重者甚至觉得活着失去了意义。

在中国老年学和老年医学学会老年心理分会委员王一牛看来，想要退休生活达到经济上的富足、精神上的充实，需要一个长期的准备过程，因此，提前做好退休规划很有必要。他做了一个形象的比喻，没做规划的退休就像急刹车，容易发生事故；而提前规划如同安装了智能的制动装置和防撞系统，利于人们平稳度过退休适应期。

一些国际研究也证实了退休规划的重要性。比如，美国健康与退休研究中心曾为1008名未退休职工进行退休规划记录，12年后又找到这些人进行退休满意度调查，结果发现，那些退休规划更充分的人，年老时更幸福和健康。相反，没有进行太多退休规划的人，退休后普遍会遇到一些困难，比如经常出现愤怒、受挫等不良情绪，生活质量明显下降。

退休规划如此重要，却没有得到足够重视。我国调查发现，仅有9%的受访者认为自己做了充分的退休准备，低于13%的全球平均水平；32%的受访者表示没有相应规划；50%的受访者觉得自己或多或少有了规划；可当问及退休时财务状况等具体问题时，90%的人没有清晰概念。对此，北京师范大学心理学院教授王大华表示，很多人觉得自己已经做了退休规划，可他们默认的退休生活就是养老、养生，是非常浅的朦胧认识。真正的退休规划是要关注自我成长和发展，有目标、有计划地做自己想做的事。

很多人对退休有刻板印象

专家们认为，人们之所以忽视退休规划，和很多因素有关。

传统观念影响。王大华认为，从古至今，国人对退休生活普遍有种刻板印象，即老了就要服老，老了就别折腾，因此对退休生活期待很少。另外，我国文化一直尊崇家庭养老，这种传统观念无形中加强了人们对子女的依赖，容易变得不太独立，对生活缺少规划。

家庭情结很深。王一牛说，国人非常注重自己与家庭的联结，很多人愿意将全部精力放在晚辈教育、家庭服务上，却忽略了自己该享受的退休规划和晚年生活。

消极看待退休。孙新宇表示，退休有失也有得，可人们总是习惯放大“失”的事实，却不会善用“得”的资源。其实，退休一方面在做“减法”，可能失去工作的身份，失去隶属于某个行业或单位的归属感等，但另一方面，退休也在做“加法”，会有新的收获，比如衣食住行的选择不必迁就上班而有更多自由，与家人和老友相聚的时间多了，更有精力做自己喜欢的事……

缺乏有力指导。王一牛指出，

很多单位的退休程序过于简单，不太重视对退休人员的心理指导。

提前做好六方面规划

专家们呼吁，做好退休规划对个人、家庭、社会都很重要，需要各方共同努力。针对政策层面，王一牛表示，我国每年约有600万人退休，数字还在逐年增加。国家应根据社会发展，创造条件，实现在职人与退休人的互动，让人们在退休前有从“单位人”到“社会人”的适应缓冲；还要组织专家、机构针对届龄退休群体提供退休规划服务，提高人们适应退休新生活的能力。

想要退休生活过得充实、有意义，个人也要在退休规划上下些功夫。专家给出了以下六个方面的规划。

1. 经济。退休金是退休生活的重要基础，退休前越早规划越好。马上就要退休的人，最好避免高风险投资。退休后，收入可能减少，需量入为出。

2. 健康。退休前应学习健康知识，了解老年生理变化趋势及常见病有哪些，做足知识储备。还要针对自身情况，调整生活方式。比如，关节不好的人，注意改变运动方式；血压高的人，饮食上减盐控油。

3. 心理。王大华说，退休后，没了工作场所，人的自我价值感容易缺失，越是从高位置上退休的人，失落感越大。因此，退休前就要试着为自己找到价值感的新出口。建议在更多自己可掌控的领域上寻找价值感。比如发展画画、摄影等爱好，看到自己的进步和成就，就不会缺失价值感。

4. 家庭。王大华表示，子女生活幸福与否非常影响老人的晚年生活。为晚辈付出无可厚非，但要力所能及，不能把全部时间用来照顾他们，而牺牲自己享受生活的机会。因此，退休前就应试着调整家庭关系，不要过度照顾家人的起居生活，令其过分依赖。

5. 婚姻。退休后，夫妻二人回归家庭生活，有更多时间相处，却也容易出现摩擦和问题。王大华建议，为了退休后更好地升华夫妻感情，最好在退休前就开始培养相似的兴趣爱好，以便之后生活的协调和同步。

6. 社交。退休后，很多老人过得非常无聊，长时间在家与电视为伴，没有什么朋友，特别孤单。王大华建议，退休前应主动联系老同学，多参加同学聚会，以便自己在退休后很快找到归属感。还要多和兄弟姐妹走动。退休后工作上的社会关系会慢慢变淡，和至亲的联系能给幸福感加分。

（王大华系北京师范大学心理学院教授；王一牛系中国老年学和老年医学学会老年心理分会委员；孙新宇系北京大学第六医院老年科主任）

退休老人志不休　为圆梦想仍努力

——记永修县虬津中学退休教师朱虹

朱虹，南昌市人，大专文化，现年81岁。1951年到永修县涂埠镇中心小学任教，在永修县教育系统工作30年，先后在山下渡小学、县文艺学校、虬津中学任教师。1981年9月在虬津中学退休，当年受聘于虬津乡党委创办的虬津乡政府文化站（后任虬津乡文化中心站副站长）。在基层搞文化工作，他善于团结老年群众开展各种文体活动，用心参加琴棋书画、健身养生，一时轰动集镇。朱虹发展了一支上百人的老年人队伍，春节期间上街摆桌子义务为农民写春联。除夕、元旦、元宵节组织健康老人玩龙灯、跳秧歌、打腰鼓，到各单位贺年。同时，朱虹又精心策划寒暑假青少年活动中心，开展讲革命故事、教唱革命传统歌曲、举办革命烈士故事会等颇受中小学生欢迎和孩子们家长赞扬的活动。因此，他先后义务兼任乡文联、老体协、老龄委、关工委、老科协各单位的工作。虽然工作一大堆，但他从不叫累，也不计报酬，干得特别有劲。有个别知心老友对他说："你这样拼命干，赚了几个钱?"他就笑着回答："俗话说得好，'世上最苦是闲人'。退休后，有事做乃是一大幸事。何况在职时每月所拿工资和退休后拿的退休金，都是人民政府财政拨款，这些钱来自人民纳税。我为人民做些力所能及的事，完全是理所应当，人生无所遗憾才是我今生之梦想。"

为圆梦，朱虹30多年的退休生活过得很踏实、很丰富、很愉快，也很精彩。至今他还是很主动、很用心地为镇上的老年工作当顾问。

早在60年代，朱虹就获得了江西省共青团授予的"少先队优秀辅导员"的光荣称号。退休后，他创办的虬津乡文化站1991年荣获江西省文化厅授予的"百强文化站"荣誉牌匾。1992年他个人又荣获江西省文化系统"先进工作者"荣誉证书。1990年10月1日，《江西日报》第3版全版介绍他的先进事迹。1991年8月1日，中央电视台特派记者专程到虬津采访他。事后在中央电视台第7频道，以"基层文化站的老站长"为题，报道他下农村摆文化地摊，辅导农民唱歌、跳舞、演戏等方面的工作。永修县电视台现任副台长罗晓玲同志也随央视记者一同到虬津采访，并在县电视台播放他的事迹。

2000年11月21日，朱虹随县

关工委主任李林灿到江西宾馆参加全省先进单位和先进个人表彰大会，并捧回来“先进单位”和“先进个人”的奖牌和证书。2009年，朱虹参加了九江市关工委组织的“五老”先进事迹巡回报告团，到市属各县向离退休同志作工作汇报。

朱虹兼任的老年体协工作，在1998年荣获省农业厅和省农民运动会授予的“先进群众”和“先进个人”牌匾和荣誉证书。1995年8月8日，九江市老体协、老干部活动中心授予他全市优秀论文的证书，他写的论文《为老年人服务，大有作为》一文获得好评。

朱虹同志义务兼任的老龄委工作，在2006年也获得“老有所为”荣誉证书。2011年9月，永修县老龄委宣传部授予他“老有所为之星”荣誉证书。2013年10月，永修县老龄办授予他“老有所为模范个人”荣誉证书。2014年4月10日，永修县关工委授予他“基层创五好”先进个人荣誉证书。他珍藏的各级领导单位授予的荣誉证书共31本。有人笑他，这些红本本又换不到钱，也当不了饭吃，可朱虹却视之为今生圆梦之足迹。

朱虹同志现已年过八十，腿脚虽然有些不方便，镇上各位领导都很关心他，无意再让他工作，但是他主动写了保证书给镇老龄办主任，要求继续做些力所能及的事。他保证说，在工作中出了伤残事故，甚至停止呼吸，概不要任何人负责。因为他想做到今生“为人民服务”到底，实现人生价值，为圆自我的梦想而努力奋斗终生。

序曲育春蕾　德馨绘晚霞

——记浔阳区关工委顾问范序德

有人说，他犹如一棵挺拔的青松，给生机盎然的大地增添一片绿色；有人说，他就是一簇鲜艳的花朵，给亮丽别致的庭院增添一处风景；有人说，他好似一团跳动的火焰，给平安和谐的生活带来一种热情；有人说，他是精神文明的表率，时刻影响着周围的人们。他就是德高望重、可敬可亲的九江市浔阳区关工委主任、“全国关心下一代先进工作者”“老有所为先进个人、关工委特殊贡献奖”获得者范序德。

范序德同志，1939年生，19岁入伍。1986年由部队正团级干部转业到浔阳区工作，历任副区长、区委常委、区委副书记兼区人大常委会主任。2000年从浔阳区人大常委会主任位子退休后接任浔阳区关工委主任以来，已有14个年头，如今的老范任区关工委顾问。范序德同志在浔阳区担任领导期间，既讲原则，又敢担责，廉洁奉公，两袖清风，办事认真，处事公道，待人和蔼，功德照人，深受浔阳区广大干部群众的爱戴。他在担任区委副书记的岗位上，一干就是12年，对浔阳区的情况了如指掌，请他担任关工委主任，于他而言就是轻车熟路、如鱼得水。

定位——构想关工委工作“路线图”

范序德同志刚从领导岗位上退下来时，经常思考的问题是如何“退而不休”，为社会做点事，为群众尽点力，为青少年的健康成长费点心。当区委主要领导请他出任关工委主任时，他欣然同意，并暗下决心，要把这个看似平淡但却事关国家前途命运的大事做大、把这篇文章做好，要有声有色、有切合实际的构想、有浔阳特色。为此，他认为要有三个转变。

一是“角色”转变。在位时，区委各部门领导经常向他汇报工作，他也有针对性地对下属提出要求。而退休使自己从一个领导干部变成普通一兵。而关工委工作涉及许多部门，要想顺利开展工作，必须取得他们的支持。有的原来是他的下级甚至是普通的文员，现在却成了区委或者部门领导。对此，范序德同志十分尊重他们，有什么事同样以请示的口吻征求意见。有一年开年终总结会，他不厌其烦，上门一个一个地请区委分管领导和有关部门负责人参加，使他们很受感动，开会时一个不落出席会议。大家说能做到这一点真是太不容易了。

二是“目的”转变。不能不承认，在市场经济氛围下，不少人对做好工作怀有某种目的或者功利性，要么希望升迁，要么为获取名利。而范序德同志认为，“我们做好关工委工作既不图名也不图利，我们只求把这项工作做好、做实；对社会的付出不索取任何回报，我们只求有更多的青少年健康成长，而他们犯罪的案例每少一个，那就是对我们最大的慰藉”。

三是“方法”转变。范序德同志认为，关工委工作既是功在当代、利在千秋的伟业，又是入脑入心、于无声处的事情。从工作方法上讲要变“开会发文”为“上门协调”；变“领导讲，下面听”为“下面做，大家听”，变“命令式”为“商讨式”。总之，关工委工作要循着“领导支持、部门合力，基层落实、年年创新”的路线走下去，就一定会实现既定目标，到达一种意境，完成自己的心愿。近几年来，在他的努力下，每年第一季度，区委常委会都要专题讨论关工委工作，并在经费上予以支持，较好地解决了位子、房子、机子

（电脑）、车子、票子、交通补贴、人员编制等具体问题。关工委其他老同志是这样评价他的：范序德同志领导上有魅力，工作上有魅力，协调上有能力，上下左右有亲和力。

植根——精心编牢社区活动“因特网”

社区是社会的基础，是青少年聚集的场所，也是学生的第二课堂。范序德同志上任伊始，抓的第一件事就是结合社区整合和改制，组建、调整和充实学校、社区关工委机构，迅速在10所小学、6个街道、76个社区和438个驻社区单位，构建了区、街、社区三级关工委组织网络，实现了基层关工委工作“六有”，即：有组织、有牌子、有工作计划、有宣传阵地、有专用记录本、有固定宣传标语。从而较好地保证了社区、学校基层关工委工作有位、有为、有威。建立组织后，范序德同志提出，社区关工委工作要在原有基础上由点到面，由浅入深，由表及里，成为全区创新工作的亮点和品牌，逐步形成具有鲜明时代特征、显现青少年特点和“魅力浔阳”特色的“三大”活动机制。一是建立学生社区联系卡制度。从2001年暑期开始，在全区10所小学四、五年级学生中，推行学生社区联系卡制度（家庭、学校、社区联系卡），要求学生放假三天内持卡到所在社区报到，由社区关工委成员（即老干部、老教师、老专家等“五老”）担任辅导员，开展各种教育活动。假期结束，持签有社区、家长评语的联系卡到学校报名，学校对学生参加社区活动予以讲评，并将此卡作为学生考核评优的重要依据。几年来，累计发放联系卡16400张，收回学生社区表现反馈卡12180张。社区对青少年开展各种教育活动1020场次，受教育35700多人。通过这一联系卡制度，探索了一条三结合教育的新路子。二是组建10所家长学校。开设青少年心理学、犯罪学、法学、家庭教育学等课程，帮助家长了解当代青少年的心理动态、成长过程、时代特征以及先进的家庭教育方法。为办好家长学校，范序德同志亲自选题，并组织人员编写《家长必读》教材。几年来，家长学校采取互动式授课、现身说法、剖析案例、座谈会、研讨会、观摩会、交流会等多种形式，对近10万人次的学生家长进行培训，效果十分明显，得到省市领导和有关部门的充分肯定。三是唱响社区青少年文化“四季歌”。春有“绿色之旅”，组织青少年到森林公园，种植“生日纪念树、少年雏鹰树、浪子回头树、纪念英烈树”；夏有“野外采风”，组织家长和学生到井冈山、庐山、抗洪纪念馆等地进行革命传统教育，让他们感受大自然和受到教育；秋有“银坛夜话”，组织社区老人、家长、学生和社区干部共赏明月、共话改革、共谋发展、共求进步，促进社区关工委成员心与心的碰撞，情与情的交流；冬有“老少同庆”，组织社区干部、关工委成员带领家长和学生给福利院老人、烈军属、离退休老干部、老教师、老劳模送年画，办年货，贴春联，看春晚，拜新年。

固本——创新走活校园教育“得胜棋”

校园是学生成长、成人、成才的重要基地，是少年儿童人生观、价值观、行为规范和道德素养培育的摇篮。范序德同志在建好社区活动“因特网”的同时，十分重视创新走活校园教育“得胜棋”。平时，他爱好下围棋，喜欢把棋盘当作军用地图排兵布阵，与他交战过的青少年朋友，都敬佩地称赞范爷爷的棋艺是“浔阳九段”。他不仅是棋界“高手”，在指导、帮助校园走活“教育棋”方面，更是步步紧逼，环环相扣，招招精彩。第一步棋：创新建立“少年军校”。几年来，少年军校多次组织学生到陆、海、空军基地、南昌“八一”起义纪念馆、庐山青少年军事训练营、九江市国防教育基地、九江烈士墓地瞻仰革命圣地，学习国防知识，体验军营生活，习军人风范。2007年，浔阳区少年军校组织了300名高年级学生到市国防教育基地参观大型防空火炮和科技含量较高的大型作战飞机、水面舰艇、地空导模型，了解了我军由小到大、由弱到强的发展历史。第二步棋：创新建立“模拟法庭”。为配合学校开展《中华人民共和国预防未成年人犯罪法》《中华人民共和国未成年人保护法》“两法”的宣传教育，探索了各种形式的新颖、寓教于乐、别开生面的教育方法，如课堂上课、少先队会、主题班会、智力测验、挂图讲解、讲故事等。与此同时，范序德同志邀请法院、公安、司法、教育、团委等单位（部门）的有关同志研究确定创办少年“模拟法庭”，并以法官审理抢劫案例为内容，模拟整个庭审程序，合议庭、公诉人、辩护人等13个角色全部由学生担任。并将这一活动刻录成光盘发至每个学校。少年模拟法庭数十次应邀到学校、社区模拟表演，深受学生、老师、家长的喜爱，并得到团省委领导的高度赞扬。第三步棋：创新建立“阳光网吧”。组织学生参观气象局、科技馆、戒毒所、劳教所，开展城乡孩子结对活动，举办春游、卡拉OK、登山、书法、绘画有奖大赛，让孩子们觉得“网”外的天地更广阔。由关工委牵头组织相关部门对学校周边的“网吧”进行整顿，不定期地开展监督，积极组织推行“阳光网吧”行动，还孩子们一片纯净的网上天空，让孩子们感觉到“网”上学习也精彩。第四步棋：创新建立“少儿托管站”。针对城区各小学下午放学早，学生父母为双职工抽不出时间接子女、学生中午用餐得不到保障等实际情况，老范和区关工委其他老同志在全区推广了人民路街道湖滨社区关工委组织待业青年和下岗职工创办“小餐桌”，将中午、下午放学后无去处的小学生组织起来，开办“小餐桌”，为他们解决中午（下午）用餐、游戏、娱乐、课外辅导、写作业等实际问题，提供廉价的有偿服务，受到学生家长和社会各界的好评。如今，区属各街道辖区的“托管中心”（已将“小餐桌”改名为“托管中心”），如雨后春笋般竞相创立。

施爱——真情谱写爱心帮扶“春蕾曲”

在青少年困难群体中，有四种“可怜人”亟待施爱帮扶，他们就是失学、失业、失足和残疾青少年。范序德同志把关心下一代工作归结为开展“五个字”的活动，即：“教”，为青少年开展文明、传统、法制、道德、行为规范等各种教育；“帮”，帮助失足、失学、后进生；“助”，助困、助残、助学；“就”，为青少年牵线搭桥创造就业机会，安排失业青年再就业；“献”，献爱心，为有特大困难的青少年，通过社区开展献爱心活动捐钱、捐物，帮助解决困难。五年来，全区各级关工委对他们动之以情，晓之以理，联之以利，先后为城区千余名贫困青少年解决了就学、就医、就业等燃眉之急。安排了近千人就业，捐资17万多元，捐物7079件。为此，浔阳区连续五年在省市率先实现了“三率110”，即：学龄儿童上学率为100%，小学升学率为100%，贫困学生失学率为零。范序德同志还十分关心失足青少年的帮扶工作。据不完全统计，近几年成功帮助52名“两劳”人员回归社会，重塑形象，再组家庭。成功帮助81名劣迹少年改掉恶习，重返学校，成为新人。

范序德同志是大家公认的好领导。退休担任关工委主任后，主动为区主要领导当“高参”，给关工委年轻干部当“高师”，与广大青少年朋友攀“高亲”，开创了浔阳区关工委工作的新局面。范序德同志一心扑在工作上，一有时间就到学校、社区开展调查研究，总结经验，思考新方法。

老范欣慰地自勉道：自己已退位当顾问了，看到新主任工作的精神面貌心里很高兴，有一束光、发一分热，仍要为关心下一代工作出谋划策，奉献更多的给力“点子”。2014 年，全省基层创“五好”关工委调研现场会在浔阳召开。在筹备这次会议期间，他多顾多问，市关工委史之汉在座谈会上赞叹说：老范水平高，劳苦功高！

（作者工作单位：九江市老龄工作委员会）

退而不休很普遍　打造事业第二春

◉ 筱　编

“姜还是老的辣！”对某些教育、技术和管理类岗位来说，经验很重要，越老越吃香。

家住天津市南开区的刘阿姨从一家国企“光荣退休”后不到一个月，有着丰富工作经验的刘阿姨就被一家私企相中，重新上岗，干起了自己的老本行——通信设备检测。

“说实话，刚退休那会儿我挺想不开的。觉得自己才 50 岁，还挺年轻的，怎么说不干就不干了？白天老伴儿、孩子都上班去了，自己一天到晚没事儿干，心里空落落的。”说起当时的心情，刘阿姨还显得很纠结，“后来以前的同事介绍我到现在的单位工作，虽说是小企业，但给的报酬合理。最重要的是，在这里工作让我觉得很充实。”

按规定，我国一般职工男 60 周岁、女 55 周岁甚至 50 周岁就退休了，还有的职工办了提前退休。习惯了忙忙碌碌的上班生涯，突然退下之后，多数人心里没着没落，重新上岗可以让自己重新忙碌起来，让生活更有意义。

记者采访中发现，现在很多企业都愿意招聘退休人员，特别在一些民营中小企业的教育、会计、出纳等岗位上，都能见到退休人员的身影。

专家指出，对于某些教育、技术和管理类岗位来说，经验很重要，越老越吃香，正所谓“姜还是老的辣”。退休人员能够再次走上工作岗位并得到认可，某种程度上也说明了劳动力市场的供需状况。

61 岁的张猛原先是黑龙江省哈尔滨市某中学的数学老师，退休后来到北京女儿家，在一家中学课程补习学校找到了新工作，从事一对一式的辅导教学。由于是中学高级教师，凭借丰富的教学经验，很快成为业务骨干，每天下午的课程都排得满满的，收入比退休金还高。

天津市东丽区一家小企业的老板表示，有些工作不需要耗费体力，只要身体状况良好，他们都愿意招用退休人员。许多退休人员经验老到、技术过硬，而且在具有同等工作能力、给付相同薪水的情况下，聘用企业还不必为退休人员缴纳社保金，这能节省20%～30%的成本。

在这家企业，记者见到了退休前在某企业当工会干部的老严。老严62岁，退休后被聘为这家企业的办公室主任。他工作兢兢业业，管理很有章法，没多久就把办公室的日常事务打理得井井有条，成为老板不可或缺的“左膀右臂”。

培养书法、收藏、文艺等爱好

丰富多彩的活动和兴趣爱好，能够使人们保持身心健康，生活得更充实。

除了重新上岗，许多人在退休后投身书法、收藏、文艺等领域，培养兴趣爱好，日子同样过得有滋有味。

庄西光原先是山东一所中学的语文老师，自幼爱好书法，在当地小有名气。他55岁时提前办了退休手续后，潜心钻研书法，功力突飞猛进。2008年，他加入了中国书法家协会，被当地一所师范学院聘为专职讲师，讲授书法课程。他还在省城举办了个人书法展，并出版了自己的书法专著。如今的庄西光满面红光，精神得很。“这样的日子，至少还能过30年。”老先生信心满满地说。

专家表示，退休后，有了更多的闲暇时间，老年人可以根据自己的性情和特长，专心培养自己的兴趣爱好。书法、收藏、写作、摄影、美术、歌舞等多种文艺活动及体育运动，都是适合老年人特点的领域。通过丰富多彩的活动和兴趣爱好，不但能够平衡大脑思维，促进新陈代谢，保持身心健康，还能让生活更充实。

在天津著名的沈阳道旧货市场，每天都有很多老人拿着自己的藏品，三五成群，“以物会友”。古旧字画、钱币邮票等广受大家欢迎。

记者来到这里，一位拿着几本小人书的老大爷正在和“藏友”品鉴。他表示，年轻时就喜欢收集小人书、像章、邮票等物品，去年退休了，可以真正把这项爱好当成一项事业去做了。

“大伙儿一边挑着藏货，一边聊聊当年的事，不经意间，没准儿就凑出一套珍品，这样的日子挺好。”老大爷拿着一套20世纪80年代初出品的《加里森敢死队》全套小人书，乐呵呵地给记者展示：“这套我一直缺一集，昨天恰巧从一个朋友那儿换到，终于凑齐了。”

“这一套小人书挺值钱的吧?”记者问。“嘛钱不钱的，图个乐儿得了！”老大爷以天津人特有的幽默说。

距离沈阳道旧货市场不远，还有一家名流茶馆。这里经常上演相声、大鼓、京剧等传统曲艺节目，来观看的多是一些退休的老票友。经常，老戏迷们也会亲自上阵吆喝几句过过戏瘾。

一位刚唱完大鼓从后台出来的大妈票友说，退休后就常来茶馆听听相声、京剧，有机会就上台唱一段，和票友们“切磋”。“以前没机会学唱戏，现在退休了总算可以过把瘾了，我还专门拜了师。”这位大妈对自己目前的状态很满意。

投身公益，心态健康最快乐

救灾、助学、投身环保……不少人以一种特别的方式与时代同行，实现着晚年人生的价值。

这些年，随着退休人员平均受教育程度、社会意识不断提高，他们的身影越来越常出现在一些公益活动和组织中。从抗震救灾到捐资助学，从救助困难家庭到宣讲红色历史文化，从投身环保宣传到收救流浪小动物……这些本可以在家颐养天年、享受儿孙满堂乐趣的老人选择以一种特别的方式与时代同行，实现着晚年人生的价值。

在天津市南开区邮电公寓小区的业主委员会里就有不少退休的大爷大妈，一心扑在小区全体业主的维权上。别看这些“爷爷奶奶级”的业主代表腿脚不便，但在涉及全体业主权益的问题上可谓“寸土必争”。

一次，小区旁边的工地夜间施工，搅得整个小区的居民晚上睡不好觉，民怨沸腾。几位老人不顾酷暑，连续几天守在工地大门外联系调查取证，几次与施工单位据理力争。几天后，不仅成功制止了施工单位夜间施工，还为小区居民争取到了一笔赔偿。“我就是爱管闲事儿，在单位上要管，退休了还要管。”在业委会当业主代表的胡奶奶认真地说。

今年夏天，新浪微博上新开了一个不起眼的微博，名叫“牡丹园王树芳”。他就是吉林省长春市牡丹园的公益相亲志愿者王树芳。老王63岁，退休后专心致志地搞公益相亲，至今已经六年多了。

微博上，老王说：“现在我退休了，专门搞公益相亲。大男大女们，如果想找到你们的爱情和好姻缘，来牡丹园。每个星期六都有相亲会。”

六年里，老王组织的相亲会超过300次，走进婚姻殿堂的新人数都数不清。平日里，经常有家长给老王送喜糖、塞请柬，老王说：“这样的日子最快乐、最幸福!”

专家表示，退休不是人生的终点，而是人生道路上的一个驿站。老年人情况各不相同，条件各有差异，退休后，应根据自身情况与条件，继续关注社会，热爱生活，努力把退休后的日子安排得多姿多彩。只要积极调整心态，保持愉快心情，就能“最美不过夕阳红”，让晚年人生洋溢着幸福快乐。

父母给我们留下了什么

◉周　石

最近，我非常思念过世的父母，总想写点东西来纪念父母。父母对我们的影响是非常大的。

父亲叫周利民，出生于1927年，1948年参军，参加过辽沈战役、衡宝战役和平津战役。中华人民共和国成立后，父亲又参加了广西剿匪、抗美援朝、甘肃临夏平叛和西藏平叛等战役。父亲身上有多处战争留下的伤疤。父亲曾任解放军一三四师炮团和四〇一团政委，解放军一三四师副政委，解放军军事学院高级系副政委。1987年从军事学院离休，2010年7月离开了我们。

父亲的一生是有意义的一生，他把自己的一切献给了祖国。1948年1月，21岁的父亲是地方干部，在动员参军时，他第一个报了名，并被任命为补充营营长。他同1300名河北省迁安市子弟奔赴东北，参加辽沈战役。父亲当时已成家了，家里有一个已有身孕的妻子和一个不到三岁的女儿。父亲离开家时，看着已有身孕的妻子和年幼的女儿，心里是难以割舍的，他是多么不放心这个家庭，如果他有个三长两短，已有身孕的妻子和年幼的女儿该怎么办？在战斗中，父亲没有时间思念妻子和女儿，可是到了夜深人静的时候，父亲牵挂着远方的妻子和女儿……

我的母亲叫田井，出生于1925年，与父亲生活了67年。1959年随军后，她一直在部队生活。在兰州军队留守处，她一有时间，就去留守处干活，到食堂帮助做饭，照顾其他阿姨的孩子……在南充飞机坝时，母亲与其他阿姨成立服务组，每天无偿地给干部和战士缝补衣服，经常加班加点。部队有任务时，许多干部和战士把寄给家里的包裹放在母亲那里，并告诉她，如果自己牺牲了，就请母亲把包裹按地址寄给他们的亲人。母亲得到干部和战士的信赖。母亲努力为干部和战士做事，为来队家属服务，默默无闻地支持着父亲的工作。母亲2014年12月离开了我们。

父母这些优秀的品质，一直在影响着我们。父母是我们学习的榜样。

1970年4月我们一家路过郑州时，大姐将与我们分开。大姐是不愿意离开父母的，她对父母很依赖，但是为了与在一三四师医院当医生的姐夫团聚，她只能含泪而去。二姐1968年到解放军二六八医院当兵，除了在上海军医大学上学的三年外，一直在交通不便的穷山沟里当兵。二姐从二六八医院组建一直干到这个医院解散，31 年的青春年华全部奉献给了部队的基层官兵。1970 年，三姐才 14 岁就当了兵，承受着部队繁重的工作，18 岁复员回家时，身体累垮了。妹妹刚工作时，在饭馆当服务员，她努力工作，因为工作没有贵贱之分。

1987 年部队进行整编，我们家同时有三人转业。大姐夫当时已是解放军一三四师医院院长，二姐夫是总参三部团职干部，我妻子是解放军二六一医院的医生。他们三人不知道自己的命运将抛到何方，但他们没有怨言，服从组织安排，离开了部队。

在这样的家庭长大，我身上不免带有军人气质。在单位，经常有人问我："你在哪个部队当兵？当了几年兵？"每逢遇到这样的问题，我总是微笑着回答："我没有当过兵。"

我常想：父母给我们留下了什么？

一是责任感。我无论到什么岗位，都努力向父辈们学习，对工作认真负责，精益求精，争取一流的成就。在学院任党委书记的 10 年里，我努力配合院长工作，使学院博士点从一个变成四个，每个博士点水平都名列全国前茅，学院将逐步成为大学的王牌学院和特色学院。

二是奉献精神。我在工作中，默默无闻地奉献，经常是"白加黑，五加二"的工作，为学院的建设和学生的健康成长，尽自己所能，用自己的勤奋劳动来弥补在其他方面的不足。

三是正直。在生活中，经常会遇到各种不正之风，我一直以父辈为榜样，不做违背良心的事，不追逐名利。宁肯失去晋升机会，也不做溜须拍马、沽名钓誉之事。

四是战胜困难的勇气。生活中，我也遇到过许多困难：在农村当知青，劳动是非常辛苦的；回城后，当泥瓦匠，在工地上挥汗如雨；在入学考试时，熬过多少不眠之夜；当干部时，遇到各种各样的难题……父辈们战胜困难的勇气，一直在鼓励我，使我不断地努力，在奋斗中寻找乐趣。

当然，我也知道，自己与父母的希望还差得很远，身上还存在许多缺点和不足，还需要不断地提高思想境界，更加努力地工作，来报答父辈的希望。

今天，我们家与军人的生活越来越远了，过"八一"建军节的习惯，也慢慢地改变了。但是父母与老一代军人的精神——责任感、奉献精神、正直和战胜困难的勇气，都是值得我学习和继承的。我要有一分光，发一分热，为这个社会多作些贡献。同时，我也要教育好下一代，继续发扬老一辈的革命传统，为实现"中国梦"而努力奋斗。

体验伸手不见五指

◉ 李威海

在那天夜里之前，我对“伸手不见五指”没有切身体会，想象不出那是怎样一种情形，认为“伸手不见五指”不过是文学作品的艺术夸张，现实中光线再暗，天再黑，总不至于放到眼前的手也看不见吧。

直到经历了那天夜里的情形后，我才相信“伸手不见五指”确有其事，当时我完全像瞎子一样。

那天晚间，我们在一个小山村宿营。山村位于一个狭窄的山沟里，村子两边都是高耸的大山。山沟里落日早，没到黄昏天便黑了下来。

村里没通电，照明靠点油灯。老乡为了节省，家里仅点一盏油灯，灯捻很小，灯火如萤火般微弱。

那天赶上阴天，连星辉都没有，夜色越发浓重。我们连负责村外停车场的警戒，防止坏人破坏和丢失物资。说是停车场，其实是村里的打谷场，被部队临时征用当了停车场。

我半夜上岗出门，眼前一片漆黑，像被扣在一口大锅里，啥也看不见，更分辨不出方向。我心里犯怵，这往哪儿走呀？好在我知道停车场在村外，待眼睛适应夜暗后，借着山头透过的朦胧光线，勉强辨认出打谷场的方向，摸索了半天才到停车场。

等待换岗的兵见我来得晚，有点儿不高兴。我说：“别不高兴了，我能摸来就不错了。真要找不来，你不得站一晚上……”

那天夜里真黑啊，站岗时我瞪大两眼，像被黑布蒙住了眼睛，成了睁眼瞎，啥都看不见。靠眼睛发现情况不可能了，我只能竖起耳朵听四下的动静（我这才知道为什么盲人的听觉特别灵敏了）。我心想，这会儿有坏人来搞破坏摸岗就麻烦了，我跟瞎子一样，还不干等着吃亏。

越恐怖，越觉得时间过得慢。好不容易熬到下岗，我交班后摸到村口，再也不敢走了，眼前漆黑一团，啥都看不见。

我伸手在眼前晃动，近在咫尺，竟然看不见手，真的伸手不见五指！我不知身在何处，不知眼前是路是墙，是沟是坡，更不知回住处应在哪里拐弯、在哪里直行。

黑暗令我恐惧。这种恐惧是因为你不知危险来自何方，又不知何时发生。阶级敌人可能就藏在某个角落准备袭击我，而我却看不见，只能被动挨打。

我像瞎子一样平伸两手，两脚

一步步蹭着地，试探前方有无障碍物，生怕一脚踩空，或一头撞上墙。

此时，我想起八九岁时与玩伴的一次历险经历。那天我俩钻进院里正在施工的地下室玩。地下室很大，有大小几十间房屋，走廊里面还没安灯，漆黑一片。喜欢探秘的我俩钻进去没走多远就转晕了，迷失了方向，不知出路在哪儿。

我俩吓坏了，出不去了！大人不知道我俩在这儿，不到地下室来找，我们就会困死在这里……我俩想到种种悲观的下场，真的绝望了，特想哭出来。

不行，不能死。求生的欲望让我俩到处乱走，徒劳地四下摸索，不时被躺倒的脚手架和遗弃的建筑垃圾磕绊，被看不到的墙撞到，转了半天还是找不到出路。

突然，我想到每个房间都是通着的，就是说地下室的墙是相连的，只要我们顺着墙走，虽然会兜个大圈，绕很多房间，走很多冤枉路，但最后总能走出来。

我为自己的发现欣喜，终于有活路了！我俩摸着墙、贴着边，不知转过多少屋子，终于看到了出口处的亮光，我俩那份惊喜，那种获得新生的感觉简直难以形容。啊，看到光明了，终于转出来了，死不了了！这时我才领悟光明多么美好，生命多么宝贵。

想起往事，是因我知道靠视力是找不到我们电台住的老乡家了，瞎闯瞎走只会兜圈子，我只能用小时候摸墙的笨办法摸回去了。黑暗中也不知我们电台住在哪个老乡家了，转到哪儿算哪儿吧。

我向右边探步探索着，希望能摸到墙。慢慢挪了几步，右手终于摸到一堵墙，我像瞎子一样摸着墙，深一脚浅一脚地往村里摸去。边走边想，这要摸到什么时候啊，要摸到天亮才回去，台里和连里的兵们知道了，还不知怎么笑话我呢。

不知摸黑走了多远，转了有两三个院子吧，我突然隐约听到不远处传来电台“嘀嘀嗒嗒”微弱的发报声，声音虽小，对我来说就是指引方向的福音。可我只闻其声，却不见一丝灯光，能分辨声音传来的方向，近在咫尺却摸不着门路，可把我急坏了，怎么会有这种事呢？

我努力让自己平静下来，侧耳细听，凭借发报声判定方向，又瞎摸乱转了半个小时，终于看到院墙上方透出的暗淡亮光。啊！终于找到家了。可四处漆黑，不知院门在哪里，我有些丧气，顺着院墙摸了一圈，终于摸到院门。推开院门的那一刻，我有重回人间的幸福感和找到家的归属感，我终于回来了！那种解脱感、兴奋感无法用语言来形容。

进屋后，值班的兵奇怪地问我到哪儿去了，怎么这半天才回来。我庆幸地说：“还说呢，我差点就转不回来了！”

这次经历，让我真正体验到什么是伸手不见五指。

负重前行

◉ 马金桥

有人这样评价我：“你这个人真有点筋骨皮肉，是个经拉又经拽的角色。”我知道人家为什么这样说我，因为我在家伺候瘫痪的老伴，在外担任社区党委书记，还是北京市怀柔区老干部思想政治工作研究组组长和区委理论教育讲师团成员。

说句实话，当个宣讲员得承受很大的压力。记得2013年离春节还有三天，我接到一个急活儿，让我代表北京市怀柔区老干部第二天下午在大会上发言。我放下电话，边吃饭边构思，收拾好碗筷立即写提纲、查资料。等老伴儿入睡后，开始“夜战”。眼睛累了，用热毛巾擦擦，手指痛了攥攥，脖子酸了就摇几下。还随时照应老伴儿，连夜完成一篇4000多字的宣讲稿。第二天一早统稿、审稿、修改，又干了一上午。近20个小时没合眼的我，下午的发言依然情绪饱满。在2013年一年，我义务宣讲了30余场次，听众达3000余人次，被评为区级“十佳宣讲员”和“市委宣传部、市委讲师团理论宣讲先进个人”。我担任思想政治工作研究组组长的14年，从来也不敢松劲儿。每年一个大调研课题，每月一次组内学习研究，无数次下基层调研，撰写调研报告、讲稿、体会、征文等各类文章150多篇，近70万字。

说到家庭，当我回忆起年轻时，只觉得爱情是甜甜蜜蜜的。等有了孩子后，又觉得家是一种责任。有了孙子后，更觉得家是个欢乐与幸福的港湾。然而，谁想到爱也会是一种考验，一种劳累，一种责任与担当。

我的老伴儿杨富慧，也是78岁的老人了，1958年和我一起从城里到郊区支教。我们既是志同道合的战友，又是相依为伴的夫妻，结婚53年，我们肩上既扛着共同的事业，又扛着共同的家。不幸的是，1998年老伴儿因脑血栓半身瘫痪，2007年后病情加重，完全瘫痪在五尺床上，伺候起来真是难上加难，必须认认真真摸透她的脾气，时时刻刻揣摩她的心理，仔仔细细观察她的病情。

老伴因为长年生病，不能控制自己的脾气，说翻脸就翻脸。有一次给她洗脚，水可能热了点，她刚把脚放进去，马上说我没安好心，“你想烫死我啊”！话音刚落，用那只好脚，一下子把脚盆踢翻，溅了我一身水。我压住火气，笑脸相迎：“好好好，咱再给你换一盆。”为避免“家庭地震”，我叫保姆白天给我打外围，做做饭、跑跑腿、看看家，我则长期战斗在“主战场”，守护她。

我在家里是“四陪”，陪吃、陪喝、陪练、陪聊，还得给她洗脚擦身、更换尿垫，剪指甲、洗头发、翻身拍背、挠痒捏腿等。有时她便秘难受得直叫唤，有时闹了肠胃炎拉肚子，一宿折腾我六七次是常事。她想吃什么，我去买，买不到我就下厨给她做。她剩下的牙不多，吃包子嫌大，我切成块；面条长了我切成段；肉饼硬了，我吃皮她吃馅儿；遇到费事的饭菜，我只好一口一口地喂。

为了让她笑口常开，我还把报纸上的小故事给挑出来折好，放在床头，让她随时翻阅。她喜欢猫，我把刊物上的猫裁下来汇成册，供她欣赏和解闷儿。我们金婚那年，我在放置多年的鸵鸟蛋上用钢笔画了一幅图画，青山绿树旁一对相互搀扶的老人在看鸳鸯戏水，旁边题字“牵手一生·白头到老”，给了她一个惊喜。她看后脸上露出了幸福的微笑，嘴里含混不清不停地说着曾经发生的故事。我这16年就是这样日复一日，年复一年，在单一漫长的苦辣酸甜的日子里度过的。然而，我没叫老伴儿受委屈，没摔过、没磕碰过，没长过褥疮。只要看到她露出笑容，我心里就甜甜的。因为我的辛苦化作了她的微笑，像雕刻家看到自己成功创作的艺术品一样，一切汗水都觉得没有白流。有人说我活得太累，有人劝我歇一歇，我说不行，老伴儿的“伴”字不能掰开啊，掰开就是半个人了。

我有两个铁肩膀，一肩挑着家里的苦辣酸甜，一肩挑着社区的大事小事。2009年初，党员投票选我当上了社区党支部书记。几年来，由于我们支部开展了许多有情有义的活动，连续四年被龙山街道党工委评为先进党支部，我个人也连续四年被区委授予优秀共产党员称号。2012年还被北京市委组织部、市老干部局授予“离退休干部优秀共产党员”称号。

也有人问我：家里外头你忙个不停，到底图的是什么？其实，作为一名受党多年教育培养的党员，我只想为社会献点儿爱心，给老伴儿减少些痛苦，只有这样的晚年生活，才能让每一天有滋有味。

为了不能忘却的历史

◉俞 健

岁月，对于大多数人来说也许意味着千帆过尽后的平淡，但是对于82岁的“将军摄影家”袁国祥来说，岁月是洗尽铅华后的壮心不已。他用拍摄的几千幅图片、出版的20多部书籍、举办的摄影展、传统报告会告诉人们：人生的第二个春天仍然可以灿烂辉煌。

1949年9月，17岁的袁国祥参加中国人民解放军西进新疆。一入伍，他就拿起了照相机，成为部队的摄影宣传员。他亲身经历了进军新疆、剿匪平叛、边境反击作战以及戍边阿里等驻疆部队大事件，见证了许多历史性时刻。他拍摄了我军奋勇西进、和平解放新疆，徒步挺进南疆、沿途做群众工作，受到各族人民欢迎的难忘情景，拍下了我军走上帕米尔高原、守卫西藏阿里边防、团结当地群众、战胜风雪严寒、保卫祖国神圣领土等感人场面。他真实地记录了新疆和平解放和军民共建边疆的许多珍贵的历史画面。1988年，已任南疆军区纪律检查委员会专职副书记的袁国祥被授予少将军衔。他被人们亲切地称为“将军摄影家”。

1993年，袁国祥离休后定居在新疆军区乌鲁木齐第四干休所。在常人眼里，离休意味着休息，可袁国祥不适应闲下来的生活。每当想到出生入死的战友们，想到戍守高原、雪山和生命禁区边防的战士们，他胸中澎湃的激情就难以平静，他仍想做些有意义的事。正好南疆军区要筹建军史馆，请他当顾问。他不遗余力地提供了自己拍摄和收集的许多珍贵的历史图片。他决心在协助南疆军区建好军史馆的同时，寻访采写老英雄的战斗事迹，特别是他曾经接触过、拍摄过、采访过的老同志、老战友的先进事迹，以补充军队的历史资料，讴歌他们的丰功伟绩，传承他们的革命精神。

为了实现心愿，袁国祥不顾年老多病，历经十多年的奋斗，走遍大半个中国，努力收集素材，访问了二三百位老首长、老同志和部队的英雄模范人物。有的老领导已去世，他就访问他们的亲属，还到图书馆、资料馆查找、核对资料，因而收集到了一批极为珍贵的第一手资料。他利用这些资料和自己的经历默默笔耕，经常挑灯夜战，有时一写就写到第二天深夜两点。

袁国祥常说，我之所以要寻找英雄模范人物，为他们写书立传，只因他们为了祖国的安宁和人民的幸福不怕牺牲、不怕艰苦，他们不应被忘记，他们的精神必须传承，激励后人。我有条件记录他们，如果我不努力记录下他们的战斗功绩和感人事迹，就会心中不安，感到问心有愧，对不起这些人民功臣和模范人物。

袁国祥离休后，发表摄影作品1000余幅，出版过军旅摄影作品选集《难忘的历程》《往事回眸丛书》12辑，编著过《喀喇昆仑风云录》《难忘征程——进军新疆的故事》《雪山凯歌——中印边境自卫反击作战西线战斗纪实》《阿里探秘》《再闯阿里》，以及《仰止集》《敬贤集》《思齐集》《力行集》等书。2014年，他的又一部新书《凝固的历史》出版。这些书籍为后人学习前人的优良传统提供了珍贵的历史资料。

在撰写军史和回忆文章的同时，袁国祥还多次举办摄影展，应邀作发扬我军光荣传统报告会几十场，向军内外广大官兵、干部、中小学生讲传统、话人生，激励他们热爱边疆、建设边疆。他曾荣获全国“关心下一代先进工作者”称号。

看上去精神矍铄的袁国祥其实患有前列腺癌、冠心病等多种疾病，但他并未被病魔击倒，一直以顽强的毅力与病魔抗争。他说，与英雄们、勇士们相比，我这点病算什么。几十年来，他脚步不止、笔耕不辍，用老党员和老军人的情怀描绘了人生灿烂的晚霞。

七旬老兵叩开鲁迅文学奖大门

◉ 窦孝鹏

我的老战友王宗仁是一位军队退休干部。他退休十几年后，在71岁那年，终于叩开了鲁迅文学奖的大门。他的散文集《藏地兵书》荣获第五届鲁迅文学奖。评委会对这本书的评语是：“这是一部向青藏高原守卫者的致敬之作。作者是这个群体中的一员，也是歌者。新一代最可爱的人在艰苦卓绝的环境中成长焕发出的奉献精神、大爱情怀，经由他的深情描述传寄给读者，引发长久的感动。”

王宗仁年轻时在青藏高原当过汽车兵，那“飞轮碾碎千里雪，马达震响九天云”及“拂晓五点引擎响，夜半三更才宿营”的军人生活，给他留下了深刻的印象。后来，他虽然调到北京工作，但每年都要去青藏高原跑几趟。

他为什么对那里念念不忘？那些地方环境恶劣，高寒荒凉，六月飞雪是家常便饭；空气稀薄，氧气不及内地的一半，常会使人头痛欲裂、喘不过气来。他一趟趟地来这里，只是为了沉下身心，深入了解指战员们的工作、生活情况和他们的内心世界，然后通过自己的笔，让人们了解新一代最可爱的人在艰苦卓绝的环境中所作出的突出贡献。

这本32万字的书由18篇散文组成，长的几万字，短的几千字，其中不少文章读后震撼人心。他以深邃的目光，透视到了人的灵魂，抓住了生活的真谛，因而深深打动了读者的心。

王宗仁不是坐在家里搞文字游戏，而是扎进雪山找灵感，深入戈壁去体验。一次，他来到海拔5200米的唐古拉山兵站采访，毕竟是快70岁的人了，稀薄的空气使他头痛、呕吐，吃不下一口饭。兵站领导害怕了，要把他送下山去，他却咬紧牙关，挤出笑容，吸着氧气，半躺在床上坚持采访。正是有了这份坚持，他才写出了《唐古拉山和一个女人》《遥远的可可西里》等感人至深的文章。还有一次，王宗仁为了了解高原汽车兵的生活，亲自和一个驾驶班长上路执勤。当汽车驶上茫茫的昆仑山时，遇到了暴风雪，他们被困在山上，没吃的，无住处。整整两天两夜，他们在零下30多摄氏度的严寒天气里，一边挖雪开路，一边小心驾驶，终于安全地翻过了山。这些亲身体验，使他生动地写出了《昆仑山离长江源头有多远》等文章。

王宗仁叩开鲁迅文学奖的大门后，并没有坐下来休息，而是把它作为新的起点，继续上路冲锋，又连续推出了散文集《当年我在格尔木》、纪实散文《青藏线》等。

由于王宗仁在散文写作上的突出成就，他在退休后被选为中国散文学会副会长。他退休后真正焕发出了生命中的第二春！

乐龄信箱

随时保持“趣”味　老年生活更快乐

（1）童趣。老年人常和儿童在一起玩，把孩子天真活泼的童趣渗透到自己的生活中，保持一种孩子般的心理状态，使自己具有孩子之心，这是一种幸福。

（2）友趣。谚语云：“多个朋友，就多十年寿命。”所以，人到晚年应多交友，尤其是忘年交。朋友多，不寂寞，通过交友，可以调节心理，愉悦身心，消除孤单、忧郁、焦躁等不利于健康的情绪。人不能没有朋友，老年人更是如此。

（3）乐趣。离退休老人在日常生活中要寻求快乐的心情，做到老有所学、老有所为，从而求得老有所乐。上海著名说唱演员黄永生说过的一句话：“活一天，开心两个半天。”开心，即心情愉快、兴奋……开心的事天上掉不下来，想开心，想快乐，全靠自己去寻找。

雄县地名文化中的诗谣

◉夏　懿

地名作为一种专用名词，是人类赋予自然地理实体和人文地理实体的称谓。随着语言的丰富、人口的增长、居住的聚集、交流的频繁等，地名经历着从少到多、从小范围使用到扩大范围传播的发展路径。为了快速地识记数量繁多的地名，历来很多文人墨客将地名镶嵌在带韵律的语句中，比如诗谣。地名诗谣可以分为很多类，比如描写独立地理实体的单一地名诗谣、将多个地名机械串联的表意地名诗谣、将多个地名有机串联的巧意地名诗谣，本文主要探讨的是表意地名诗谣。

地名文化与诗谣

诗歌、歌谣、民谣等都在民间文学中自成一格、独树一帜，它们的精练度、凝华度、抒情性比较一致，因而可以归为同一个知识体类——诗谣，比如《诗经》便是通过简练的文言文述说着一个个动人的民间故事。诗谣编辑者运用丰富的想象力和节奏感反映现实生活，用生动活泼的语言形式帮助人们进行事实记忆。地名诗谣当然也具有以上的功能。通常地名由最初的命名者定名后，其他的地名使用者被动接受地名，并在实际生活中反复使用。地名诗谣可以让所有人对关涉地域有一个整体性的观感，激发了人们探索地名文化的能动性。地名文化与诗谣是喜闻乐见的知识共同体，用精练的陈述维度重塑了地名的时空形态。地名诗谣作为一种民间文化，最主要的功能不是文字标识，而是延续古典时期以来的口述传统，可以称为仪式化的地名陈述。

周恩来总理曾把中国的 30 个（当时数据）省、自治区、直辖市的名称编成了一首七言诗：

两湖两广两河山，
五江云贵福吉安。
四西二宁青甘陕，
还有内台北上天。

历史课上背诵的战国七雄地理分布诗：“齐秦楚燕赵魏韩，东西南北到中原。”地理课上背诵的七大洲诗：“亚非北南美，南极欧大洋。”这些都是地名文化传播的重要渠道。地名诗谣可以作为很好的导游图，有人作过一首《平则门，拉大弓》的诗谣：

平则门（阜成门），拉大弓，过去就是朝天宫。

朝天宫，写大字，过去就是白塔寺。

白塔寺，挂红袍，过去就是马市桥。

马市桥，跳三跳，过去就是帝王庙。

帝王庙，绕葫芦，过去就是四牌楼。

四牌楼东，四牌楼西，四牌楼底下卖估衣。

这首诗谣体现的是北京西城区古文化大街，不仅将这段街路地名连起来，也生动地加入了相关的地名文化。读到这样的诗谣，不仅能够勾起当地人对故乡的眷恋，而且能够在游客脑海中构筑立体图景。细心的人对自己的故乡地名有概括性总结，比如雄县的地名歌谣之一：

一城六镇连三乡，三湾六河十四岗。

两城三关营十四，五楼四台七个堂。

五码九头七个口，一窝三铺三处房。

四槐三杨六棵柳，一阴五阳八各庄。

南北相配有八对，东西相对十四双。

雄县地名文化细观

位于河北省中部的雄县自古有人居住，夏朝隶属于有易氏，一直以来都以易县、易城县、莫县、归义县、归信县等作为县名，曾隶属诸多郡、国或者州。至五代十国后周世宗显德六年（959）设归义县的治所为雄州镇，隶属于雄州；至明朝太祖洪武七年（1374）始设雄县，治所雄州镇，隶属于保定府。随后的一千多年里，雄县作为一个比较稳定的县名延续至今，期间曾在民国27年（1938）更改为雄特区。

细细品味雄县地名诗谣，可以发现雄县的乡镇和村级地名别有一番乡土气息。具体说来，“一城六镇连三乡”指的是雄县所辖的九个乡镇级行政区划名称——雄州镇、昝岗镇、大营镇、龙湾镇、朱各庄镇、米家务镇，双堂乡、张岗乡、北沙口乡，县政府驻地为雄州镇；“三湾六河十四岗”中三湾指的是西南部的龙湾乡、黄湾、马蹄湾，六河指的是西部的北涞河、南涞河，东部的上岔河、西岔河、中岔河、东岔河，十四岗指的是东部地区的昝岗、东河岗、西河岗、段岗、赵岗、邢岗、程岗、祁岗、宫岗、贾岗、谢岗、李岗、老岗、张岗；“两城三关营十四”中的两城指的是西南部的亚古城、东南部的洪城，三关指的是西南部的东关、南关、北关，营十四指的是分布在西半部的大营、中营、后营、北营、大崔营、傅家营、文家营、皮家营、西河营、东河营、蛮子营、王黑营、东留官营、西留官营；“五楼四台七个堂”中的五楼指的是西南部的杨西楼、艾西楼、韩西楼、红西楼、邓西楼，四台指的是西南部的胡家台、陈家台、望驾台、坛台，七个堂指的是西北部的西龙堂、中龙堂、东龙堂，中部的梁神堂、张神堂、刘神堂，东部的双堂；“五码九头七个口”中的五码指的是北部地区的张码、白码、徐码、甄码、孔码，九头指的是南部的古庄头、孤庄头、李庄头、张魏庄头、半庄头、马务头、东狄头、西狄头，北部的口头，七口指的是东南部的开口、张青口，西北部的道口、南沙口、北沙口、茫茫口、口头；“一窝十铺三处房”中的一窝指的是北部的板家窝，十铺指的是南部的一铺、二铺、三铺、四铺、五铺、十里铺、刘家铺、高家铺，北部的闫家铺、大铺，三处房指的是散落分布的王家房、新盖房、十间房；“四槐三杨六棵柳”中的四槐指的是东部的东槐、西槐、东王槐、西王槐，三杨指的是杨庄、杨各庄、杨家场，六棵柳指的是北部的陈家柳、东柳、西柳、宋柳、五柳、西柳村；“一阴五阳八各庄”中的一阴指的是西南部的大阴，五阳指的是西北部的东阳、西阳、小阳、南大阳、北大阳，八各庄指的是散落分布的朱各庄、葛各庄、胡各庄、杨各庄、孙各庄、佐各庄、东安各庄、西安各庄；后两句诗谣指的是以东西南北开头的成对地名。

雄县地名文化统览

雄县淀片依连，地平水富，是华北地区人类活动频繁的区域之一，早在五千年前就有了最初的地名，而今可以看出该区域地名的历史性和稳定性。比如“易”是雄县历史上出现较早并使用频繁的地名，“亚古城”“西楼”“东侯留”“西侯留”等地名均始于汉代前后，并且一直使用至今。现在雄县使用的地名中一大半产生于明代永乐年间以后，社会不断趋于稳定，影响着地名的生产、派生、布局和规模。

从雄县地名诗谣可以看出，雄县地名通常成对出现、成群铺展，并且按照地块区域性特色分布。成对出现的一般是方位词或比较性反义词，比如东阳对应西阳，西龙堂对应东龙堂，东安各庄对应西安各庄，米北庄对应米南庄，大谢对应小谢，大芦昝对应小芦昝。成群铺展的一般是在一个共同的地名用字（词）之外添加不同的内容，比如陈家台、胡家台、望驾台都以“台”字结尾，开一、开二、开三、开四都以“开”字开头。另外，从第二节的细节分析看，雄县地名中带有同样地名用字的通常聚在一起。比如“铺”“营”“岗”“台”等通名一样的地名多互相依存，这也可以看出中国农耕社会中人民对土地的依附性。

地名的类型划分千姿百态，但

不外乎和生活中的常识相连。雄县地名主要有五种类型：方位地名、数字地名、姓氏地名、自然地名、人事地名。这几种类型的雄县地名都比较好理解，地名中的方位主要涉及东西南北和上中下，雄县方位地名占比为四成；地名中的数字有单一数字集群地名，比如八东、八西、八南、八北，也有序列数字地名，比如道一、道二、道三、道四；地名中的姓氏相对较多，张王李赵不胜枚举；地名中的自然事项就是以自然地理实体命名的，比如南菜园、马蹄湾、北沙口等；地名中的人事是以历史人物或历史事件为命名依据，比如以人名为地名的王祥，以历史事件命名的王储，以明朝卫兵驻守命名的“营”等。有些事件烟消云散毫无踪迹，但地名得到了始终如一的保留，这些地名也成为雄县历史文化研究的重要线索。

明嘉靖癸巳年（1533）的雄县境之图、清康熙年间的雄县境之图上都画有中心城，其他地名都以这个轴心向外发展，清朝光绪年间的雄县全图上就不再有中心城的影子。

雄县地名文化撷趣

雄县地名中有很多以“姓氏 + 各庄”的命名方法，“各庄”逐渐演变成地名通名。其实，“各庄”中的各字应该算是地名雅化，在明朝和清朝的雄县境之图中，标注的都是“哥庄”，比如何哥庄、赵哥庄、邢哥庄、秦哥庄、韩哥庄。因为最早有该姓氏的兄弟落户于此，清朝光绪年间和民国时代的雄县全图上都标注为“哥庄”。

雄县境之图　明嘉靖癸巳年（公元一五三三年）

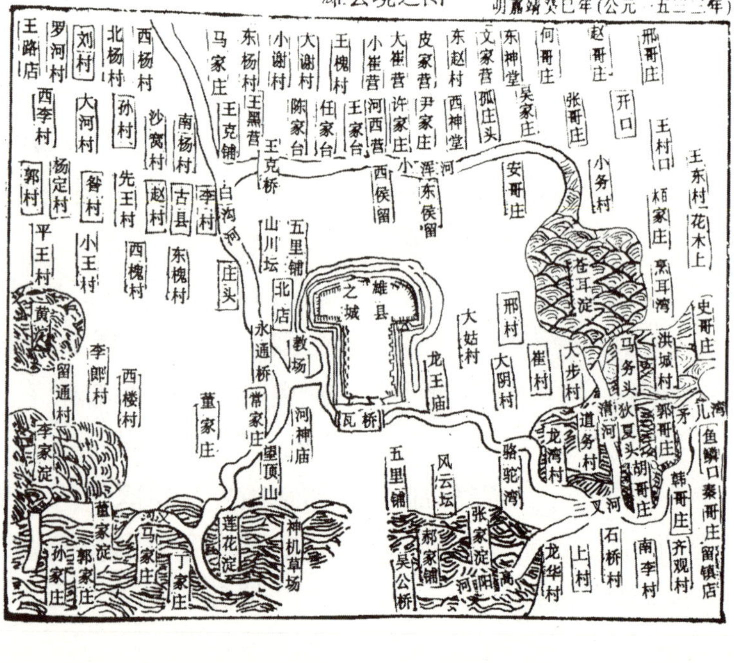

雄县境之图

清康熙年间

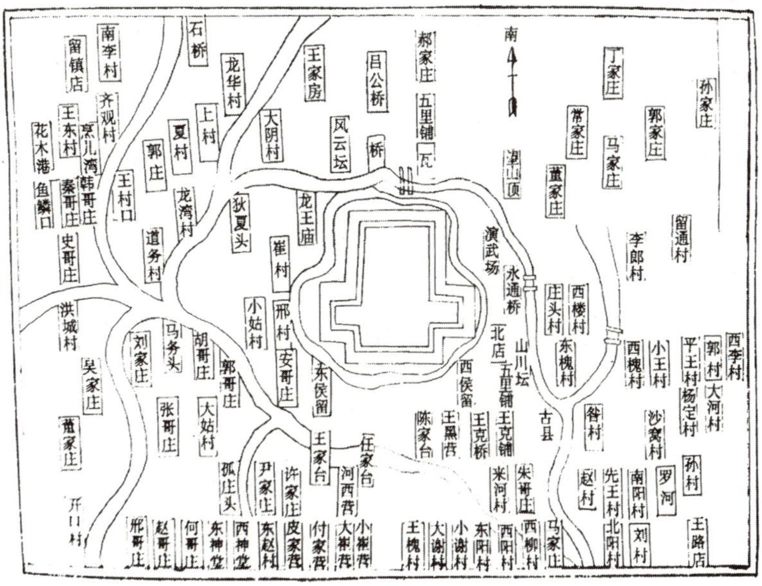

县城之图　明嘉靖癸巳年(公元一五三三年)

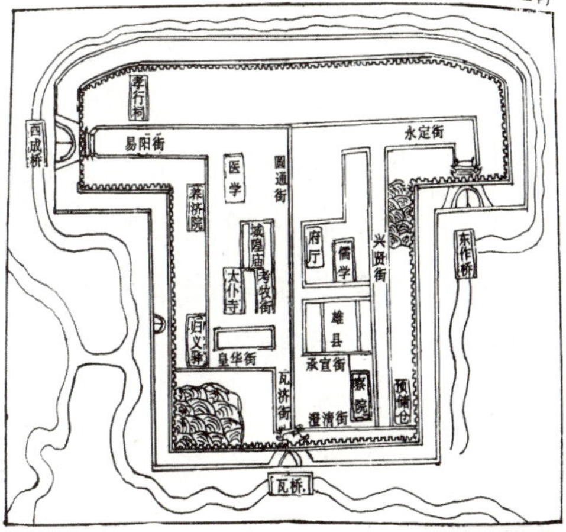

雄县的老地名具有很深的历史性。比如亚古城，原名亚谷，汉景帝封东胡降王卢它为亚谷侯，该地称为亚谷村。亚谷村西部接临雄州外罗城，于是更名为亚谷城，经演化变为亚古城。望驾台这个地名竟然和皇上无关，看似像人名的地名“王储”却和皇上有关。明朝嘉靖年间，“望驾台”最初的名字是王家台，王储是因为乾隆下江南曾在这里储物。明嘉靖县城图、清康熙县城图有对雄县古城的记载，雄县古城的形状类似于一件上衣的形状，城内的街路地名颇具中国特色和文化底蕴，比如瓦桥、西成桥、东作桥、永定街、易阳街、鸿雁街、澄清街。

雄县地名中有很多与水有关的。比如茫茫口，北宋年间此处有运粮河，四周放眼望去大水茫茫，为了方便行人出行而设置一个渡口，该地就有了“茫茫口”这个称谓。东龙堂是因为明代初年拒马河常常闹水灾，村中人建筑了普恩寺祭祀龙王。徐码、白码、甄码中的“码”是码头的意思。明崇祯年间，该姓氏的人家自山西迁居于此，村址位于赵王河畔，因为常有船舶在河边

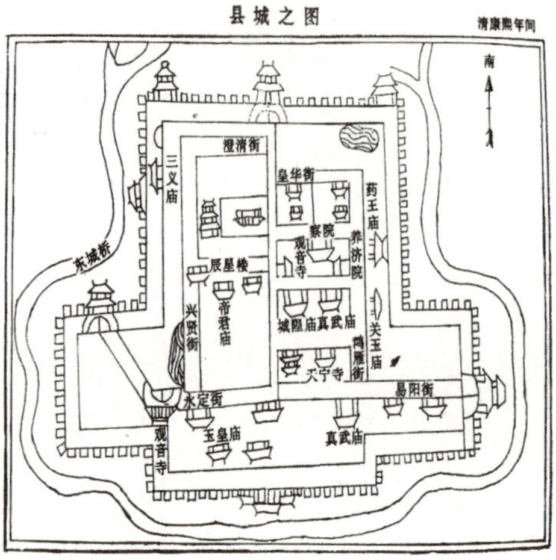

停留，所以取名为“×家码头”，中华人民共和国成立后简称为“×码”。

“浒”也是雄县地名中的一个特殊用字，比如王马浒、张马浒、关李马浒。据传说，徐达（明朝开国功臣）征北在这里上演了一场壮烈的战役，一名武官战死沙场，他的战马在左腿负伤的情况下围着主人转圈，最后哀鸣而死，所以人们将该村命名为“马哭”，写成“马窟”，后来“窟”字演变成“浒”字。

雄县有部分地名简单又大气，比如大四方、小四方。明朝万历年间有张氏兄弟四人落户在此，最初取名为四哥庄，后来四面八方的老百姓陆陆续续迁居到此，于是改名为大四方。明末清初，关、昝、张姓落户在此，最初取名太和庄，清朝末年大四方村的孙姓迁居到此，两个村子的百姓经常在同一时间闹花会，关系一直很密切，所以改名为小四方。

雄县地名文化发展

随着雄县城乡的演变，地名在一面做着加法，一面做着减法，也就是说，部分地名消失伴着新地名的扩容。当建立雄安新区的国家政策正式出台之后，雄县这片古老的土地再次站在风口浪尖，被历史的潮流推到一个破旧立新的试验场。所有的人都在关心着雄安新区如何变化的时候，雄安新区管委会正在着手设立地名及标志规范指导委员会，作为雄安新区文化建设的重要内容，推动做好新区未来工程项目、道路、区域、建筑物等的命名工作。

从诗谣的角度来说，未来雄县以及雄安新区地名应该主要做好两方面工作。一是如何让地名诗谣传承下去。地名诗谣的传承也就是地名文化的传承，全部传承肯定做不到，能做到的就是保护好该保护的地名和地名文化，让地名诗谣能够有效地接续下去。在这个过程中，总体原则就是习近平总书记提出的“望得见山、看得见水、记得住乡愁”，每一个地名都要带着历史感和情感，每一个地名都要体现出雄县的地域文化精神，展示和弘扬中华民族优秀的传统文化和地名特色。二是如何写好新的地名诗谣。一些经典的地名诗谣还要续写，根据地名的变化而删改和增加。雄安新区建设的过程中，如何命名地名和如何进行新区规划同样重要。能否续写好地名诗谣关系到能否创造好雄县新时期的地名文化，雄县积淀的地名文化和未来地名发展的存续，正握在雄安新区第一代建设者的手中。

宁夏：望不尽的远山，隔不断的诗情

◉ 王殿彬

这是一片神奇的土地，方方正正的神秘文字少有人能破解。这是一片诗意的土地，相对于江南水乡的豪放情怀喷薄而出，西夏王朝装饰着中国历史的梦境。党项羌在关山风月处建立了大夏国，形成了“东尽黄河，西界玉门，南接萧关，北抵大漠”的雄壮气势。宁夏曾经是西夏王朝的故地，是中国回族人口聚居度最高的省级政区，也管辖着五个自治区中面积最小但活力不减的古老土地。在漫长的岁月里如何直抒胸臆？不再是小桥流水的婉约诗意，宁夏被镶嵌在一首首豪放的西北风物诗中，读者能够尽情体会“大漠孤烟直、长河落日圆”的雄浑。

宁夏为什么充满诗意？《论语·雍也第六》里讲：“智者乐水，仁者乐山；智者动，仁者静；智者乐，仁者寿。”宁夏因为两山一水，地处沙漠附近却没有水资源忧患，东部是毛乌素沙漠，西部是腾格里沙漠，北部是乌兰布和沙漠，南部是沟壑纵横的黄土高坡，丝绸之路从这里穿过，赢得了“塞上江南”的美誉。在宁夏这块不规则的十字地块上，黄河这条母亲河弯弯曲曲地流过，覆盖了自治区全境，境内黄河干流长度达到397公里，占黄河全长的7%。“几”字拐点刚好处于宁夏境内，因而它一直活在“黄河万里、唯富宁夏”的自然福荫里。宁夏宁夏，取大夏安宁之意。任明代宁夏都储河西道的孟霦写过一首七言诗《宁夏吟》：“贺兰山连北海头，河水西来出塞流。边城尽是披甲士，满眼旌旗拂戍楼。健卒登高望胡骑，将军倚马防烽燧。角声入耳暮云愁，杀气凌空飞鸟避。秦皇逐虏至今谈，挥剑曾将虎穴探。当时拓地称荒远，今望长城更在南。”

《宁夏吟》这首诗的起首便是贺兰山，绵延百余里并在宁夏平原西部傲然屹立，气势雄伟仿若万马奔腾。其实在蒙古语中，贺兰便是骏马的意思。清代胡秉正作过一首《咏贺兰山》：“西北天谁补？此山作柱擎。蟠根横远塞，设险压长城。俯瞰黄河小，高悬白雪清。曾从绝顶望，灏气接蓬瀛。”贺兰山是中国西北比较重要的地理界线，但它真正为众人熟知是因为岳飞的诗《满江红·怒发冲冠》：“怒发冲冠，凭栏处、潇潇雨歇。抬望眼，仰天长啸，壮怀激烈。三十功名尘与土，八千里路云和月。莫等闲、白了少年头，空悲切。靖康耻，犹未雪。臣子恨，何时灭！驾长车，踏破贺兰山阙。壮志饥餐胡虏肉，笑谈渴饮匈奴血。待从头、收拾旧山河，朝天阙。”抗金英雄岳飞正是带着母亲希望他“精忠报国”的愿望，带领岳家军收复寸寸山河。

这里的贺兰山到底在哪里，目前仍有争议，有人认为就是宁夏的贺兰山，还有人认为是在河北省磁县。当然这还需要进一步考证，但岳飞兵戈中原是确凿无误的事实。在大众心目中，贺兰山和岳飞是一对不可分割的同胞词语，贺兰山成为抗击侵略、抵御外辱的代名词。1136年，岳飞率领军队从襄阳出发北上，陆陆续续收复了洛阳附近的州县，就要到达北宋故都汴京，马上就要一举收复中原，捣破金国的老巢黄龙府。然而宋高宗下达的十二道金牌，一下子隔断了岳飞即将取得的胜利，历年的战斗功亏一篑，只留下“臣子恨、何时灭”的遗憾。

在宁夏，与贺兰山齐名的是六盘山，一个在宁夏北部，一个在宁夏南部。六盘山又称陇山，处于宁夏、甘肃、陕西三省区交界地带，顾名思义，六盘山路盘旋曲折，经过重重盘道才能到达顶峰。清代梁联馨作过一首《六盘山诗》：“绕径寒云拂步生，巑岏青嶂压孤城。东连华岳三峰小，北拥萧关大漠平。山外烟霞闲隐见，世间尘土自虚盈。劳人至此深惆怅，樵唱悠悠何处声。”这座山的全国甚至全世界闻名，也是因为一首诗，一首伟人的赋诗给予了六盘山灵性。毛泽东主席于1957年发表了《清平乐·六盘山》：“天高云淡，望断南飞雁。不到长城非好汉，屈指行程二万。六盘山上高峰，红旗漫卷西风。今日长缨在手，何时缚住苍龙。”

其实这首诗描写的是1935年秋天发生的事情，毛泽东率领中央红军突破敌人重重围堵和封锁，胜利地翻越六盘山到达吴起镇，和陕北红军胜利会师。期间最著名的战役发生在青石嘴，红军抓住国民党的侦察员并缴获了货运物资，红军用缴获的战马组建了第一支骑兵侦察连。当年10月7日，毛泽东带领部队从张易堡向六盘山进发，在六盘山的主峰之一牛头山远观天地的时候，想到就要到达目的地陕北了，毛泽东联想到过往的艰难历程和未来的美好前景，当即临风作诗《长征谣》一首：“天高云淡，望断南飞雁，不到长城非好汉！同志们屈指行程两万！同志们屈指行程两万！六盘山呀高峰，赤旗漫卷西风。今日得长缨，同志们，何时缚住苍龙？同志们，何时缚住苍龙？”这就是后来人人传颂、气壮河山的《清平乐·六盘山》这首词的雏形。在二万五千里长征的进程中，六盘山是红军到达陕北之前翻越的最后一座山，六盘山被称为红色之山、革命之山、胜利之山，可见六盘山在中国历史中英雄史诗般的意义。

宁夏既不是京畿繁华之地，也不是人烟荒凉之乡，宁夏的山山水水都蕴含着大气，宁夏的山水诗都蕴含着武士义气。这样的诗情画意和西北边陲的尚武习俗关联密切。宁夏建制最长的县是灵武县，至今已有2200多年的历史。许多诗人都在宁夏留下了诗作。宁夏的地名因为这些诗作而更加有力，宁夏因为这些地名诗作而增添了文化意境。透过诗词看宁夏的秀美山川，根据宁夏的湖光山色读宁夏的名诗熟词，那是一片诗意和远方，一个不是江南胜似江南的地方。

（作者单位：中国地名学会）

乐龄信箱

老年人健身“十法”

（1）读书健身法：经常读书看报，吟诗作赋，书法绘画，可排解烦恼，陶冶情操。

（2）鱼花健身法：养鱼种花，悉心照料，不仅活动筋骨，而且振奋精神。

（3）集邮健身法：将各种邮票、首日封等装集成册，配以文字，其乐无穷。

（4）歌舞健身法：经常听音乐，唱小曲，跳跳交谊舞，扭扭大秧歌，十分有益健康。

（5）垂钓健身法：不在乎鱼钓得多少，而在于心平气和，全神贯注，幽静中清心养志。

（6）劳作健身法：自我料理，常做家务，既可减轻子女的负担，又能强健身心。

（7）步行健身法：清晨千步走，能活九十九，漫步绿丛中，令人心旷神怡。

（8）节食健身法：戒烟少酒，食不过饱，蔬菜为主，少食油腻。

（9）倒立健身法：双足高架，人头朝下，强心健脑，消除疲劳。

（10）笑健身法：儿孙之间多嬉戏，老友新侣常笑谈，返老还童，增寿十年。

日寇铁蹄踏来

◉ 马文哲

1937年,“七七”事变爆发。日寇跨过卢沟桥，对我国展开全面进攻，妄图灭亡我国。

战火迅速烧向我的家乡。新任县长曹长春闻风而逃。日本鬼子打过来了，国民党军队退下来了。生活整个翻了个个儿。

国民党军队慌乱地撤进了我们村。一辆黑色小轿车停在街头。这是我有生以来头一次见到汽车，还偷偷去摁了它的喇叭——嘀嘀响。师部安在我们家，师长住进我爷爷的正屋，团部安在了西院我大伯家。

士兵在村北开始挖战壕，向村民征集民夫。我们家出了大车和牲口，由长工赶着往西北方向去给前线送给养。去了两天，忽然长工自己跑回来了，惊慌地说，车马民夫送给养的浩浩荡荡走到接近前线的一个什么地方，忽然前边枪炮声大作，大家就人慌马乱一哄而散。他自己跑回来了，大车骡子、车上拉的给养全扔了。过了两天，有人说在什么地方见到了我家的大车和牲口，这长工才又去把它找回来。战争氛围下，人们就像热锅上的蚂蚁，东奔西窜，惶惶不可终日。

就在这兵荒马乱的几天里，住在我家的师部发生了这样一幕惨剧：一个清晨，忽然住西院的团长被五花大绑押解到我们南屋师长房间，跪在师长面前，师长厉声地训斥他。大骂一阵以后，继之施以肉刑。士兵们把他的上衣扒光，用一根木杠别在肩背后，把两个胳臂架起来跟木杠捆在一起，把人压趴在地上，用马鞭猛抽，直打得皮开肉绽、血肉模糊。斥责声、皮鞭声、哀号声震动屋宇。此情此景，我爷爷、二大伯和我爸爸，在屋门外看得一清二楚，都惊呆了。我也挤在他们夹缝里紧瞅。好一阵儿过去，听说非要把团长枪决不可。一听要毙人，人命关天，几个长辈便再也耐不住了，紧张地交头接耳一番，便冒失地进屋去讲情，央求留下团长一条性命。最后师长总算是开了恩，饶了团长一命，但还是将其开除军籍，驱赶走了。此人一拐一跩，苦哀哀不知所终。

这一切究竟是为什么？不甚明了。底下人窃窃私语，说是一大早师长命团长过来，团长怠慢不到，惹怒了师长，因而招来祸殃。

几天之间战事愈紧，村民开始

惊恐外逃。这时家里就让我妈妈带着我和妹妹先逃到南山里。在一个山坳里，一间光土窑洞里挤着几十名妇女和孩子，甭说躺，连坐都困难。正赶这么乱，我妹妹还不知为什么发了一身疮，妈妈还得想法烧热水给她洗，抹药。她疼得直哭，更增添了混乱气氛。远远的大炮声轰隆轰隆传到了这里，男人们爬到高处朝北眺望，那是从滹沱河两岸传来的。日本的巨型轰炸机，这不祥之鸟，几十架一批几十架一批，排列成整齐的队形，从头顶掠过，急匆匆朝西南方向扑去，随后将铺天盖地的轰鸣声压向大地。飞机自身的巨响，加上山谷的共鸣，那响声变成间隔的、有节拍的“轰——轰——轰——”，像万面大鼓一齐在擂击，吓人心魄。

苦熬几天，炮声沉寂了，避难的人群陆续回家。

妈妈领着我们，一进到村口，就碰到一幅恐怖的景象：在村公所前空地上，悬着一面扎眼的太阳旗，几十个日本兵围成一圈，手上端着明晃晃刺刀的步枪，有几个骑着大洋马挎着大洋刀，一个个凶神恶煞，围住一群村民。在村公所门阶上，傲慢地站着一个日本军官，一只手叉腰，一只手把着挎在腰间的大洋刀，气势汹汹地在对村民训话，旁边一个人在翻译。从此，我们就落入了日本侵略者之手。

国民党军队去得无影无踪了。国民党的政府不存在了。平山城挨了日本飞机的轰炸，炸弹投在十字街上，炸死了一个挑挑子剃头的。日本兵占了县城。一卡车一卡车的日本兵从县城开出来，穿过我们村向西南开去。

不多日子，日本兵朝南打去了，扔下了平山空城。一时间这里成了真空地带，处于无政府状态。局面更乱了，谣言纷传。最令人不安的是遍地土匪猖獗，劫道的、绑票的时有所闻。当时我舅舅家表哥原本在正定上中学，因战事学校关闭闲居在家，一晚突遭土匪穿房入院绑票，被塞在一个现挖的潮湿阴冷的土坑里好些天，等赎回后浑身浮肿，一病不起，不久便英年早逝。

为防土匪劫掠，村里搞起了联防。各村口都安上了圪针栅栏门，对街房屋之间搭梯子铺上木板连起通道，设置了夜间打更的。

我们家自己也做了防备。把一长一短两杆老土枪翻了出来。我爸爸用金属香烟筒装些碎锅铁安上火药芯子制成土炸弹。往西沟扔过一个做实验，根本不炸，就这也用小柜装了一二十个放在屋里。还把窗棂锯去一根，以备土匪爬房下到院子里时好从屋里把炸弹投出去。若

"炸弹"真能炸，那放一箱子在屋里倒真的是太大的危险呢。大概是接受我舅舅家的教训吧，爸爸妈妈把我安排到后院牲口棚里去睡觉，土匪万一来了也抓不着我。

这样过了一阵子，日本鬼子第二次来了。我们又是逃难。这次是我爷爷领着我和庆龙叔，去西南几里地远的寺里庄我老姑家躲避。这是为了保住家里的两根苗吧。

我们刚出村走到南沟口，忽见南场远处有几个日本兵沿着刚盖不久的火神庙外墙在搜索。我们赶紧往沟里跑，刚跑到沟底，日本兵就出现在沟沿上。显然他们发现了我们。他们朝我们高喊"咕哩咕哩"，我们就想更快地逃去。忽然"砰"的一声巨响，日本兵向我们开了一枪，吓得我们立刻站定。我被吓得尿了一裤子，尿水顺裤腿直往下流。我爷爷小声叫我们赶紧走开，他则朝日本兵走去。我们到沟对岸上坡藏了一会儿，爷爷也赶了上来。大概日本兵见我们不过是老人和孩子，就不再理我们了。

日本这次占住，直到投降，就没再离开了。对占领区施行了严厉统治。村里出现了维持会。进行了人口登记，把各家每个人的名字写在一个小木牌上钉在自家大门门楣上。人们进城胸前都要别一条"良民证"。城门两侧一边站个日本兵，一边站个伪军，手持步枪上着刺刀，监视着进城的人们。进城的人则要毕恭毕敬地朝他们鞠躬行礼。好一阵子，街上不断贴出红绿纸长条标语，什么"庆祝太原陷落""庆祝上海陷落""庆祝南京陷落""庆祝济南陷落"……就像一块又一块大石头压向人们心头，越来越沉重。

日本人占住平山城，就像一只巨大的魔掌压在我们村的头顶上。每天天一黑日本人就从城墙上向我们村的方向乱开枪开炮，"轰隆轰隆""乒乒乓乓"，一直要打一个多时辰。这时我妈妈就慌慌张张地把我和妹妹摇醒，拉着抱着跑出西屋，穿过院子下到东屋南头一个小间的地窨子里。就这样熬日子也不知过了多久。为什么放枪开炮呢？想来就是震慑中国老百姓，也给自己壮胆。后来不这样无来由地打了，可是城外稍有动静，比方哪里"咚"响了一声，日本人就又"叮当"乱放一阵。再后来，不但不这样打了，就是城外真的响枪了，只要不是攻城，日本人也不理了。这又为什么？想必弹药供给不足了。他当然不是照我们村打，可还是有一枚迫击炮弹落在我们后院一间杂屋的瓦顶上，没炸，可把瓦顶砸了一个洞。哑弹就一直躺在那里，谁也不敢动。

日军二次占领平山城后，我继续待在家，在日军统治下生活了一两年。城里高小关了，村里小学时开时停。我也就随着一阵上上村小，一阵闲待在家。

我们村虽说就在城里日本人的眼皮底下，可这里共产党、八路军的影响和活动是明显而活跃的。

最先，不知怎么就传来了唤起民众抗日的歌曲。而最兴致勃勃学唱的就是我们这些孩子。什么“一劝妇女要剪发……”呀，什么“扛起了铁镐去破坏铁道……”呀，歌词既新鲜，曲调又好学又好听。

相距不远的山里，八路军建立了抗日根据地。我们村除了被迫给日本人往城里送粮以外，晚上还偷偷安排人推着小车把收集起来的粮食送给山里的八路军。渐渐地，根据地的边区票也花到了我们这里，甚至还能在城里偷偷流通。八路军小股游击队时常出没于我们这一带，村里有年轻人参加了八路军。

我父亲，在日本人打来以后，一听说来了八路军，就去参加了。那是 1937 年，他 26 岁。后来有一段时间他又回到家里。只知道那时他老跟村里几个相好的知识青年频繁往来，他们常来我家找我爸爸。有李华叔叔、崔包正叔叔……有天晚上，见他们在屋里灯下写了些标语，随后就拿出去贴了。说是贴到了村北“潞王故里”碑上。我不知道那时爸爸已加入了共产党，成了地下村党支部委员，和几个同志在进行地下抗日活动。再往后，我爸爸和那些叔叔们就先后去根据地了。

中国古代规模巨大的一次海战

◉ 筱　编

南宋末年，宋元水军在我国大陆最南端的零丁洋海面进行了一次堪称历史规模巨大的海战，结果宋军大败，南宋王朝就此覆灭。

13 世纪，元朝向南宋发起进攻。1273 年，元兵夺取了南宋的战略重镇襄樊，控制了长江中下游。1274 年，元朝皇帝忽必烈发兵 20 万，分两路南下，一路攻打扬州以牵制宋军。另一路为主力攻打鄂州（武昌），至 12 月，夺取鄂州。1275 年，元军攻陷南宋的都城杭州。南宋朝廷在当朝太后的率领下向元军投降。几次大战役过后，元军夺得大量战船，组建了强大的水军。

南宋的小皇帝赵正在部分主战派大臣、将领的支持下，向南撤逃。尽管受到南宋军民的一路抗击，元军仍步步南逼。1277年，赵正病亡，丞相陆秀夫辅佐赵昺登基。1278年，南宋朝廷在元朝大军的追逼下退到了广东新会、崖山一带，宋军元帅张世杰和丞相陆秀夫辅佐幼帝赵昺及20多万人马驻扎于此，另有战船1000多艘。元朝皇帝忽必烈为了最终消灭南宋，任命张弘范为主帅、李恒为副帅，率水、陆兵马二万五千，在分别攻取了漳、潮、惠三州和广州后，分海、陆两路向崖山进逼。

宋军主帅张世杰之所以选中崖山驻扎，是认为崖山一带濒临大海，其南面有易守难攻的崖门水道，而且这一带海域风平浪静，便于驻守。然而在大陆几乎全部落入元军之手的情况下，背海驻守无疑是一大失策。而且张世杰还犯下了一个致命的错误，他下令将1000多艘战船用铁索相连，分几排沿崖山排开阵势，完全丧失了机动性。

元朝至元十六年（1279）正月，李恒带领元军在崖山东侧偷袭登陆，将山上的宋军行营兵寨悉数烧毁，并切断了宋军的淡水来源和粮草供应，迫使宋军全部退至海上。宋军为夺回水源和粮道，多次反攻，均难以奏效，宋军就此陷入了粮、水、柴断绝的绝境，在饥饿和伤病的侵扰下，宋军的战斗力大为降低。

此后，元军从海上采取火攻，但宋军早有预防，在一些战船上涂抹海泥，加上将士拼死抵抗，元军并未占到多少便宜。不过经过几次攻打，元军迫使宋军阵形收缩，元军水师则占据了崖门外海，与崖山上的元军一起形成了对宋军的海陆包围。

二月初六（1279年3月19日）凌晨，元军副帅李恒率战船顺着退潮从北面顺流而下，进攻宋军船阵，但战果不大，至中午涨潮时又顺潮北退。而已经布置于南、西、西南三个方向的元军在张弘范的带领下则顺潮水北进，从崖山与汤瓶山之间的崖门水道向宋军船阵展开攻击，很快就夺取了宋军前阵，并烧毁了宋军几十艘战船。此时宋军主帅张世杰在慌乱之下又下了一道错误的命令，将两侧战船调往中军，更使宋军阵形大乱。

午后，海面突降大雨，宋军急忙砍断铁索，趁着雨雾开始突围，但仅有张世杰带着十几艘大船冲出元军重围，包括宋帝御船在内的宋军大部被元军越围越紧。陆秀夫在绝望之下先逼妻儿投海自尽，然后自己抱着宋幼帝跳海而亡。逃出重围的张世杰后来在阳江南面的海陵岛附近遇上风暴，船翻人亡。

此役，元军共烧毁、击沉宋军战船200余艘，缴获800余艘，俘虏宋军2万多人，宋军战死10万人以上。宋朝皇室在临安（今杭州）向元军统帅伯颜投降后，宋廷残部南逃，经历三年二帝，就此彻底灭亡了。

崖门海战是中国古代规模巨大的一次海战，其参战兵力、舰船和伤亡人数之多，在我国古代海战史上都是空前的。当时目睹了海战全过程的南宋将领文天祥（在江西组织抗元义军兵败被俘押解至此）作诗曰："一朝天昏风雨恶，炮火雷飞箭星落。谁雌谁雄顷刻分，流尸漂血洋水浑。昨朝南船满崖海，今朝只有北船在……"

乐龄信箱

新潮老年人用品

随着全球老龄化时代的到来、科技的进步，老年人的日常用品也更加"高科技化"了，人们研发出了诸多千奇百趣的老年人新潮用品。

（1）智能眼镜。美国一家视觉公司开发出一种自动变焦的电子眼镜。它能根据戴镜人视觉的远近，随时调整镜片的聚焦点。这给老年人带来了福音，他们不必摘摘戴戴老花镜了，而且此款眼镜还能当遮阳镜。这种一镜多用的眼镜，时尚、美观、实用。

（2）老人车。美国等西方国家在家用轿车领域已开发出专门的"老人车"。这种车是根据老年人的生理特征设计的。如为了方便老年人在车厢内自由活动，车身框架预留空间比一般轿车大一些，车上配有自动变速器，使老年人不必反复踏离合器、频繁换挡，减轻了驾车的劳动强度。在国外，80 岁以上的老年人开车也成了平常事。

（3）防疲止痛鞋。美国研制出一种供老年人使用的防疲止痛鞋。鞋底放有磁片，与人脚底的穴位相对应，对头痛失眠具有一定疗效。此外，老年人穿上这种鞋爬山、旅游，可以减轻疲劳。

（4）定位手机。韩国一家通信公司特意为了老年人，特别是痴呆老人设计了一种定位手机。这种手机除了拥有一般手机的功能外，还兼有"定位"功能。

（5）减皱镜子。日本专家为老年妇女设计了一种减皱镜子，其特点是镜中影像会隐去脸部皱纹，看上去至少比本人年轻 10 岁。尽管这种镜子提供的是"虚假信息"，但这可使感叹青春已逝的老太太们心理健康和情绪稳定，使她们增强自信。

（6）老年机器人。现在的机器人，大多设计成年轻人的模样。但随着老龄社会的到来，日本开始设计外表像老年人的机器人。据介绍，"老年机器人"在帮助老人处理一些日常家务时，往往与其主人有更多的"共同语言"，由此也更受信任，与主人相处也更为融洽。一些已丧偶的老人在使用了这种"老年机器人"后表示："他们更像是我的老伴儿。"

梅花画法

◉ 纪映欣

写意梅花要体现与客观物象“似与不似之间”的形象特点。要以梅花的自然原型为基础，融入绘画者的主观情感和意趣，再造“天人合一”的艺术形象。注重求实循工的作品，是具象绘画；过分强调主观心灵感悟，悖于真实的作品，是抽象绘画；笔墨严整工致的梅花作品，属于工笔画；写意梅花的笔墨当简洁清逸、纵肆潇洒，彰显行书或草书风韵。

一、花冠画法

梅花是多品种花木。在写意画中，宜取花冠为单重五瓣者入画。

（一）双勾法

1. 白描

这里指勾勒而不着色的画法。要留意花冠的正、背、仰、俯、侧等各种姿态。要表现出大小、藏露、隐现幅度和透视关系等变化，也要从组构的收与放、繁与简、全与缺中深入体悟和表现形象的姿态和意韵。

图 1、图 2 皆中锋用笔，两笔圈勾一个花瓣。落笔可从每瓣的顶端分别向两侧勾画。

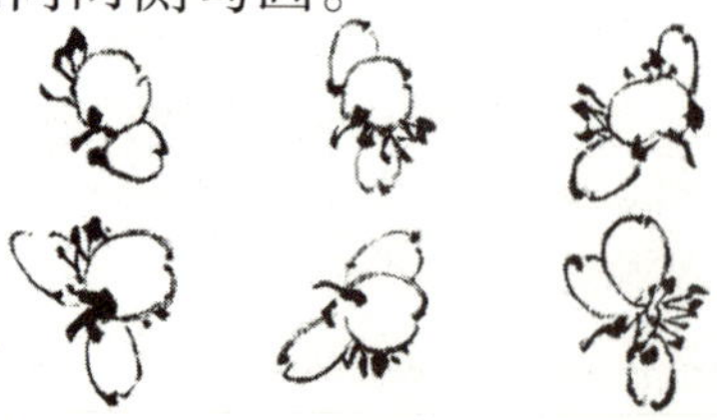

图 1

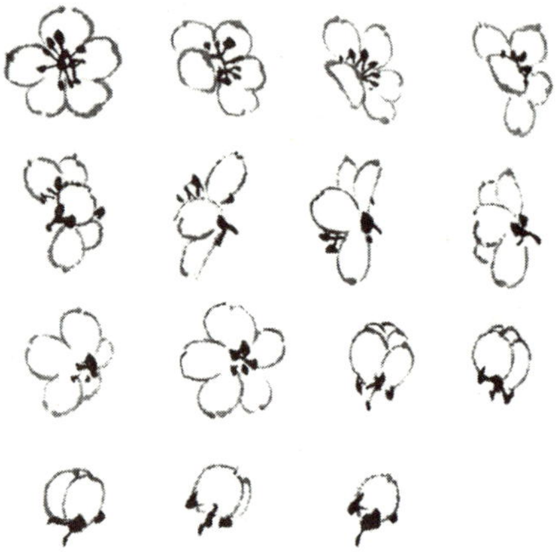

图 2

图 3、图 4 中侧锋兼用，以一笔圈勾一个花瓣。其运笔走向，顺、逆皆宜。

图 3

图 4

花冠和花苞的勾画笔序要从幅面上最居中、居前而凸显的部位入手，递次推开。

花蕊由冠心向外呈辐射状。以浓墨圈花心、勾蕊丝、点花药（图 5 右两图）。

花托以侧锋浓墨组点（图 5 左两图）。

图 5

2. 勾染

勾染指以线条圈花后赋色点染花冠和衬染底色的画法，参见图 6。

图 6

（二）点厾法

点厾法指以侧锋点厾表现花瓣、组构花冠的画法。其运笔藏锋而入、顺势扫入或回锋而收。笔触当圆中带方、方中带圆。

以白云笔点厾花瓣，线描笔勾画蕊丝、小白云笔点花药。红花可设曙红、大红；黄花可设藤黄加赭石；绿花可设藤黄加花青调配。各色花冠皆可用重墨、浓重类似色或胭脂墨勾点花蕊及花托。以纯轻淡墨点花、重墨点勾花蕊和花托亦佳。

图 7 各花冠皆先以大白云笔饱蘸朱砂色，再于笔尖处舔少许曙红调出色阶点瓣组花，再趁未干以浓胭脂墨点勾花蕊和花托画成。

图 7

图 8 中，偏于中规中矩的花形呈现静谧和娴雅美。适度夸张、变形，用缺纳残的花形往往可以营造某种内蕴特质和别致的形式感。

图 8

此图（图 9），左花以较浓厚的藤黄调少许赭石后，再舔蘸赭石所画。右花以藤黄调适量花青成绿色后，再舔蘸花青所画。

图 9

读《回忆是一种淡淡的痛》

◉冯　儿

这本《回忆是一种淡淡的痛》，是台湾元智大学教授钟怡雯主编的散文集。这是一部由台湾作者的作品集成的集子，有我们熟知的龙应台、蒋勋、余光中等，也有我们不熟悉的作者。

散文集每篇不长的篇幅，极富亲近感，可随时俯拾翻阅，慢慢品读。

散文集分为“感谢那些抹不去的曾经，要有一次勇敢”“最是留恋伤感，最是情真动人的心动”“心在流浪，何必在意咫尺与远方”“岁月换了容颜，你是否还在驻守”“趁现在，此生未老”“回忆曾经的不安，不曾留下遗憾”六辑，可谓诠释了“回忆是一种淡淡的痛”。单单这六辑的题目就很迷人，深深地吸引了我。

就像书名那样，大多数文章围绕着“忆”这个主题，或是回忆自己的往事，或是回溯历史的沉思，或是着笔故事人物的往昔，文风清淡质朴，温婉隽美，直扣心弦。

龙应台的《我们的村落》，有这么一段回忆：“年轻的母亲们坐在拥挤不堪的房间里，夜以继日地制作塑料花和廉价的圣诞灯饰。孩子们满地乱跑，身上穿的可能是美援奶粉袋裁剪出来的恤衫……”“1961年的班上，每一个女生都有头虱，白色细小的虱卵附着在一根一根发丝上，密密麻麻的，乍看之下以为是白粉粉的头皮屑……”贫穷的印记，回忆中的苦，也只是一种淡淡的苦。

人总是喜欢回想过去的事情，每个时代都有各自的特征，各自努力的方向，各自为人处世的方式。文集里写的大多是小事，一些细枝末节的感触，却能真真切切地感受到作者平日对生活的观察和体悟。

阮义忠的《抽屉里的浪花》，叙写翻开抽屉，数点往事记忆，思绪如浪如潮。他写道：“人对往事的记忆就像锁在不同抽屉里舍不得丢的杂物，有些经过归档，有些无法分类，就那么一起掺杂地搁着，随着岁月的堆垒而尘封。某日不经意地打开一个抽屉，那被忘了、如同隔世般的旧事便猛然回魂，又有了温度、呼吸和生命，过去与现在又接续上了。”打开尘封已久的抽屉，往事如浪花扑面而来，过去与现在又接续上了。

《在街头，邂逅一位盛装的女员外》是女作家简媜的散文。“为什么穿得像赴宴？忽然，我明白那一身衣着可能是独居老人为了提防不可测的变故，预先穿好的寿服；无论何时何地倒下，被何人发现，赴最后一场宴会的时候，一身漂漂亮亮。这么想时，我知道，我正式老了。”当看到街头那位盛装的老妪，她一直过着自己想要的生活，审视自己，又该如何？“趁现在，此生未老”，趁早，要活出自己的模样。

文集有回忆自己的家乡，有回忆父亲、母亲，以及成长中很重要的人；也有回忆儿时的自己，成长的自己，一路走过来的路程。时而沉重，时而轻松，感慨而又怀想。

《梦中的父亲》抒发对逝去亲人的思念，记叙父亲的乡愁却回不去家乡的疼痛。“后来，我随着父亲的苍老逐渐长大，这才慢慢地自他的口中得知，那些年来点着烟的沉默时光里，是离家多年的父亲忆起远离许久的大陆老家。那种思念像极了战争时受伤的伤口，总在不经意间就袭上胸口，足以让他久久无法喘气……尚未解严的时代，他要如何处理锥心刺骨的思乡感？因为有家归不得啊！”文字渗入一种淡淡的忧伤氛围中，感染你的心灵。原来，思念是一种这么折磨人的感觉。

回忆是一种淡淡的痛，因为留不住那些飞逝的光阴，等不到那些遂愿的日子，莫名而刻骨的感伤。散文集由不同的作者写就，但有一点是共通的，文字没有激进和愤懑，通篇散发出的是宁静和平和，令人豁然开朗。放下过去，还有什么不能释怀？

“说来吊诡，那场地震，及随后的大火，就此烧掉了我的童年，却也将它永远储存在心灵一角，让我在其后，可以随时随地再重访。时过境不迁，直到今天，我一再地回到我出生、成长的那栋日式平房中。”（《大地震——一个小男孩的见证》）这篇写难忘成长经历的散文，虽然也写了苦难，但也只是一种淡淡的痛，即“感谢那些抹不去的曾经，要有一次勇敢”。

岁月磨洗，激情与苦痛已成涓涓细流，流淌着平淡的记忆。散文集的文章有一个突出的特色，结尾都意味深长，让人回味无穷，犹如喝茶，原先味道平平淡淡的，到最后却醇厚起来。诸如：

“端详五个布包，一时之间，棉布袋里似乎满是美丽的心，数不清的心，像星星，一颗颗在星空闪烁。于是，五个布袋散发的光，照亮火车车厢，照亮了回家的路。”

（《新竹故事包》）

“老友、美酒、文学、知己为伴，人生的旅途一点都不寂寞。”

（《三只酒瓶》）

“因为隔着一扇门，美人因此更美了。”

（《美女与怪物》）

“我从不觉得孤独等同于寂寞，亦不觉得一个人在家寂寞。因为每一本书里都有生命，各种生命的脸在眼前移动，各种生命的言语回响在身边。”

（《“不要脸的人”之告白》）

“每个人都是绝无仅有的，美且独立的。人不应该属于任何人，也不该认为自己拥有任何人，这太自私傲慢了，就算以爱为名。我不想属于任何人，也不想拥有任何人，但我珍惜爱，爱如此美，美得令人心碎。”

（《男人与沙漠》）

咀嚼着这样美丽有寓意的文字，能不触动你的心吗？读《回忆是一种淡淡的痛》，不时会有惊喜、会产生共鸣。忆起自己的青春岁月，往事故友，纯挚的情感，或亲或友，总有一种莫名感动。

该书扉页的简介说明：

因为追念随风逝去的岁月，因为感怀永远不再来的青春，也因为伤怀无法抚平的苦难，更因为要坚持前往，对生活满怀希望，因此你在书中不仅仅能够找到深藏于心灵襞褶深处的震撼，更能找回久违的温暖于心的梦想。

乐龄信箱

读书是最好的养生

高尔基说过：“书籍是人类进步的阶梯。”其实对于现代人来说，读读书并不仅仅可以得到知识，更是一种很好的养生方式。

随着现代生活节奏的加快及人际关系的复杂紧张，很多不良情绪严重影响着人们的身心健康，各种身心疾病接踵而至。传统的医学模式已不能满足人们对健康的需求与渴望，于是一些新的医学理念应运而生，读书疗法就是其中之一。

读书的养生功效

汉代刘向说过：“书犹药也，善读之可医愚。”所谓医愚，就是使人明理、化郁、解烦、长见识。

读书是积极的思维方式，能使大脑产生一种神经肽的高级化学物质。这种物质能增强细胞免疫力，有益身心健康。读书使人进入专注状态，一切有害的心理因素都被排除，取而代之的是乐观向上的健康心态。

勤于读书，使大脑血管经常处于舒张状态，以输送充足的氧和营养物质，延缓中枢神经老化，使全身各系统保持协调一致。

现在一些西方国家已充分认识到读书对人身心健康的重要作用。一些医院开设了读书疗法，让病人根据各自不同的情况阅读不同情感色彩的书，以解除他们的烦恼和淡化抑郁的情绪，调节人体免疫功能。尤其是一些神经系统及心理障碍的患者，用此方法取得了良好的效果。

另外，读书更有一种潜移默化的心理效应、声情并茂的美学享受。特别是抑扬顿挫地高声朗读，既能调节气机的升降出入，增加肺活量，又能疏肝理气、调达情志。

国外老年人为何热衷园艺

◉ 温玉顺

研究人员发现，栽种花草可显著改善老年人生理和心理状况。另外，参加园艺活动的老人力量、耐力、灵活性、认知能力有明显改善，同时腰围缩小，而对照组老人这些方面的指标则退步。从事园艺活动有助于减轻压力和忧郁、降低血压、促进血液循环以及保护关节等，美国科学家将其称为“园艺疗法”。如今这种疗法正越来越流行。

韩国

实验：减轻精神压力和忧郁

在美国出版的某一期《园艺技术》上，韩国研究人员发表了他们的研究文章。文章说，他们在一项实验中发现，参与园艺活动的老年女性在生理和心理健康方面，都获得了明显改善。韩国研究人员利用三个月的时间邀请首尔老年人活动中心的50位年龄均在七旬以上的女性参加为时七周的调查研究。工作人员将老奶奶们分为两组，其中一组24人，每天进行园艺劳动，另一组26位老人作为对照组，不参加园艺劳动。

研究人员表示，虽然多年来一直提倡和鼓励老年人适当运动，锻炼身体，但是他们中的很多人，一天中仍有80%的时间以久坐不动为主。研究人员之所以选择园艺活动作为研究重点，是因为园艺种植及其辅助工作是上年纪的人群普遍参与的活动，既有身体上的劳作，又有精神上的愉悦。如果能够把其中的好处研究透彻并认真推广，将对老人健康大有裨益。

在调研阶段，研究人员要求劳动组的老人们参加每周两次、每次约50分钟的园艺劳动。这些劳动包括规划园子、松土、种植和移栽植物，还有日常管理，如浇水、施肥、除草等。另外，老人们还会采摘和整理花卉，进行艺术插花，安排聚会等。

所有这些项目都经过精心挑选，劳动强度大致在轻量到中量级之间，不会对老人造成负担。在实验结束时，研究人员比较了两组老人的测量数据，显示参加园艺的老人健康有明显的改善。第一组老人们的腰围明显缩小，肌肉力量也在增强。另外，她们进行有氧活动时更有耐力，手部的灵活性以及认知能力也都比以前好很多。与此相反，每天久坐不动的另一组老人的健康指标有下滑趋势，而且精神压抑症状指数也升高了。参加园艺劳动组的老人们个个精神饱满，没有添加任何病症。

研究人员还对参加园艺活动的老人们进行了个别和集体类的采访。在交流中他们发现，老人们不仅把园艺活动作为消磨时间的方式，更是乐在其中，她们把花园当成了乐园，既有用自己的双手把花园和菜地变得漂亮的成就感，又有劳作后的愉悦感。她们坦然地接受周边亲朋们的称赞，每个人都显得比参加活动前要心满意足。研究人员认为，这种满足情绪对老人的身心都有特殊意义。

美国

实验：对生活的满意度更高

在美国多年的研究中，科学家和保健医疗人员也同样认为，积极地参加园艺活动对老年人，不论男性和女性，都有不可低估的正面效应，甚至与跑步和游泳等大运动量锻炼取得的效果相当。美国密歇根州州立大学和堪萨斯州州立大学等高校的研究人员先后做过大致相同的对比实验。堪萨斯州州立大学征集了53位65岁以上的老人，其中的25人作为一组进行园艺活动，其余的人作为对照组。不过，这次实验中，这些老年志愿者都是在自己家里，所做的就是居家院子里的活儿，劳动量也稍微大一些。随着四季变化，他们要做的包括用剪草机割草坪，自己掘土和清理土地，购买和搬运肥料以及种菜、种花，修整灌木和除草，等等。

为期一年的实验结束后，园艺组里的老人的身体状况明显优于对照组的同龄人。经过测试，园艺组老人的骨骼密度、手指的抓握力、腿部和腰背肌肉力量、指数都比较高，而且这些老人思路也清晰敏捷。堪萨斯州州立大学教授肯蒂斯·舒梅克指出："推剪草机、挖坑，还有拔除杂草等，这些事情看似简单，却要动用全身不同部位的很多组肌肉，因此对健康益处很多。"

研究人员认为，园艺活动适用于老人的另一个方面，是持久性和就近性。老年人在不知不觉中，边轻松地做自己喜欢的家事，边达到锻炼的效果，不受天气和地域的限制。舒梅克教授的研究还证明了更重要的一部分，就是从事园艺的老人对自己的评价和对生活的满意感，要明显高于其他人。他分析说："当老人们耕作之时，对果蔬的喜爱促使他们想尽方法照顾和关心它们，他们相信自己是能干的，进一步增强了对生活的信心。这样的心态足以驱除他们的抑郁和孤独情绪，比锻炼本身更有益。"

案例

园艺让她更健康乐观

62岁的美国媒体"女王"奥普

拉·温弗瑞在演电影、主持节目之余，最喜欢的就是打理自己的菜园。她从小在能干的外祖母家里长大，在密西西比州乡间学会了种植和养殖，甚至还会挤牛奶、做奶油和熏腊肉。在成名后的很长一段时间里，奥普拉的体重直线上升，最重时曾达到107公斤。20世纪90年代中期，她沮丧地对健康医师鲍勃·格林说："救救我吧，要不我都不好意思上台领奖了。"

在鲍勃的指导下，她开始节食和锻炼。为了保证健康，她尽量吃新鲜的水果和蔬菜。她在温暖的夏威夷购置了产业，和医师鲍勃一起到那里，在周围的土地上种植了近百种蔬菜、香料和水果，收获后除了自己消费，多数送给了慈善机构和邻居。她自己更大的收获是在园艺活动中成功地甩掉了赘肉。

英国

22年打造"四季花园"

英国的托尼夫妇退休后没有闲下来，而是自学园艺，用22年时间打造了一个家喻户晓的"四季花园"。这座美丽的花园位于英国西米德兰兹郡沃尔索尔市。夫妇俩对园艺非常热爱，还多次出国考察学习，在花园的规划初期就学习了摄影，建立自己的网页与园艺爱好者分享美景。花园里的每一棵花草都是夫妻俩通过网络和园艺机构买来的，除了一些特别的植物，有超过3000种的花草都是亲手栽培而成。随着天气变化，温度低的时候夫妻俩甚至还会为植物披上桌布或毯子。他们常常累得腰酸背痛，但是好的结果就是最美丽的回报。

贴士

劳作前热身很有必要

从园艺本身来说，无论是掘土还是浇水，虽然都是良好的活动，但是也需要以不受伤为基础。美国费城大学体位科学和治疗专家宝拉·克拉梅尔说："为了防止腰部和躯干受伤，参加园艺活动的老人，应该在决定开始挖地前和抬重物前的一到两天，就预先活动肌肉，拉抻筋骨，让身体做好准备。劳作前的热身很有必要。"

在享受园艺劳动的过程中，老年人注意有张有弛的工作节奏是必要的。克拉梅尔认为，老人在工作中，千万不要因为怕慢就强迫自己赶速度，一定要掌握进度，而且最好经常变换姿势；每工作20~30分钟，就休息10分钟，避免第二天腰酸腿痛。如果手关节有炎症，可以在劳作前后用热水泡手，劳动时戴手套保护。

老年园艺活动专栏作家派蒂·卡西迪在她的《园艺指南画册》中，指点老园丁们可以用抬高苗圃的方式来解决他们身体较为僵硬的问题。

苗圃的高度可以因人而异，老人们则在土箱旁安放座椅，舒适地工作。无论是室内还是室外苗圃，立体种植都是节省面积和方便老人管理的较好方式，可以让老人少用到腰背和膝盖。当然，给老人配备符合人体工程学的工具，让他们轻松且高效地完成劳作，也是不可缺少的。

国外老年人丰富多彩的晚年生活

◉ 筱　编

西方世界有一群被称为“婴儿潮”的老年人，他们出生在第二次世界大战结束后的20年之中。经历了战后物资匮乏、国家复兴重建、工业大规模发展、金融几起几伏和科技大爆炸的时代，现在他们步入老年了。在过去几十年中，他们在职场、家庭和社区生活中所建立的对经济的认识和消费方式引人瞩目。各种机构为这一批人设计的退休计划五花八门。当然这个特殊的群体，一面参考这些建议，一面又固守着自己的意愿，他们花钱的方式很有些趣味。

美国

1. 消费方向转变

资深金融分析员丹特在退休后，逐年对自己的生活做了记录，并自我打趣道：“现在我连理发的次数都越来越少了，剃须刀也用得久了。到了老年，我对物质没有了欲望，倒是更希望多和家人相处。我的电视机和光盘机已经15年没有换了，手机用了四年还是很顺手。因为经常锻炼，所以旧衣服还是和几年前一样合身。我真想不出要买什么。”

减少购买汽车、耐用电器、衣物、电脑、首饰、交纳各种俱乐部会员费、烟酒消费，增加卧室及浴室用品、医疗康复费用。

2. 开房车看天下

美国老年人热爱室外活动的占大多数，他们把享受大自然称为“太阳加快乐”（Sun and Fun）的活动。很多人在退休后走出家门，“去看看天下”。当然，他们的方式也是可丰可简，两夫妇一起开着露营车、大房车周游美国，已经成为近年来美国老人最时尚的旅游方式。

这种房车被称为“车轮上的家”，设备一应俱全，既是车又是房，可以上路，也可以煮饭、洗浴，还能装个舒适的大床，所以很受时间充裕、喜欢自由行的老年人喜爱。

从造纸公司退休的63岁的吉姆和62岁的妻子杰琳在过去的五年里，开着他们11米长的大房车，且行且露营，优哉游哉地把以前梦想去的地方一个一个地走过来。74 岁的历史学家戴维·伍德沃兹对开房车旅游也非常满意:"我在全国来来回回几十次了,想去哪里就去哪里,而且从来不用费心买机票,也不担心没有订到旅馆。因为任何时候,我都有自己私人的卧室和洗手间。"

在美国,购买一辆房车需要 2.5 万~12 万美元,老年人可以量力而行,前期投资数千美元首付就可以了。在高速公路旁有为这种大车专设的停车场,公园里有超过 6000 个公共露营地可供使用,备有水电和清洁设备。食品在超市和农场里购买即可,又新鲜又便宜。现在美国拥有的上百万房车的主人中,老年人是主力。

英国

1. 消费保持强势

与美国不同的是,据英国经济学家维基·莱德伍德的研究,由于该国老年人一直工作到 65 岁以后,有些甚至工作到 70 岁之后,因此 65 岁和以上人群的消费能力将保持强势,包揽 1/5 市场交易份额。特别是在汽车购买、度假和家用产品添加等几个领域,表现得特别明显。

这也难怪,英国的中青年人的负担太沉重了。一般人工作多年后还没有还清学贷,并且要缴纳巨额的购房按揭、抚养子女费,经常把到手的工资花得精光。而到了 50 岁以后,因为债务压力减轻了不少,子女也相继成人,而且英国退休较晚,银发族的收入就显得"含金"量大增。进入 21 世纪以来的调查表明,该国 50 岁以上的人群的消费量,居然占全社会总量的 47%。

2. 消费四大板块

(1)出门旅游

50 岁以上人群的消费金额占据了该国旅游的重要部分,其中 65~74 岁的老人走出家门的人数在过去 10 年中增长了 51%。英国 65~70 岁老年人 2014 年的旅行消费达到了 370 亿英镑。因此现在英国较大的旅馆连锁店已经看清了新的形势,着手为 60 岁及以上老年人准备更适合于他们的服务和设备。

(2)投资房地产

英国房价的飙升给老年人提供了新的投资机会。英国近一个世纪以来最年轻的财政大臣乔治·奥斯本所推行的经济改革,准许老年人提前支取退休金,也使得老年人有财力购买房子并且出租,增加收入。

(3)支持晚辈

家庭观念较重的英国老人,深感自己年轻时被学贷和房贷压得喘不过气来的窘困,因此常在关键时刻向第二代特别是第三代伸出援手。统计数据发现,平均每十个家庭中至少有四个家庭的长辈,依然按老习惯为包括已婚子女在内的全家统一购买食品，更多地在晚辈们需要的时候给予现金。他们还有在孙辈出生和某些重要时刻，购买理财产品或是存一笔钱作为礼物的传统，目的是希望能够在未来帮助他们渡过升学和生活的难关。

（4）享受生活

在高物价的英国，65～74岁的老年人家庭通常要把近1/3的退休收入用于食品和非酒精类饮料上，尤其是他们喜爱的下午茶和点心。对于这些，他们准备起来是不惜金钱的。与家人或朋友们一起饮茶和小酌，分享安闲的午后或假日，更是必不可少。

日本

在老年人众多的日本，似乎60和70岁的人并非老人，他们在生活上还努力保持着年轻时代的风格和做派。退休以后，很多老年人出门还是照样把自己整理得干净整洁，男士正装领带，女士更是漂漂亮亮、容颜精致。曾经是医生的上林成信，无论什么时候出门，哪怕是去散散步，也要穿上干净的衬衫、整洁的毛衣和外套，一丝不苟。因此，日本老年服装业、化妆品、理发业和美容业都是赚老人钱的行业，汽车业、家具业等也随之兴旺。

日本老年人另一个花钱的事情是他们的医药费。日本要求患者负担10%～20%的医疗和药品费用，乍一看不是很多，但是遇到大病和需要做大手术时，这个百分比就是一个相当沉重的压力了。所以老年人花钱保守，是要存储一些救命钱的。现在，平均每名老年人每年至少要支出医疗费70万日元以上。

由于日本的商店、饭馆和其他服务业在“银发经济”战略上下了不少功夫，医生到家里问诊，餐饮业送餐到门口，连锁便利店、干洗店、超级市场也都推出了为老人送货和上门取货的服务，而且可以上网预约。所以，日本的老年人已经成为该国网上购物的主要力量。

法国

法国老年人所重视的养生，并不是指靠吃药等方式实现的，而是采用自然和健康的生活方式来达到目的。据经济合作与发展组织的调查发现，法国老年人喜爱散淡和悠闲的生活态度，使得他们把并不太多的退休金使用得很有效，并且比其他国家的人缺钱的抱怨也少一些。

在新时代快节奏生活、食品被快餐充斥的现实中，法国老年人似乎不为所动。他们除了保证有充足的睡眠外，一天中要花几个小时来细细品尝食品和啜饮咖啡。他们用在“吃”“喝”的时间，比美国和加拿大等国的同龄人要长一倍多。法国老年人认为，安适地把钱花在自己喜欢的餐厅和咖啡馆里，最为实惠，对美式“垃圾食品”不屑一顾。

重视食品并不意味着吃得多，更不意味法国的老年人体重必然增加，相反，该国的老年人用各种方式保持自己外形的美观。无论在城市还是在乡间，常能看到老夫妻们结伴到露天市场或超市里购买新鲜蔬菜和水果，既是长距离散步又是健康的购物。在巴黎街头，有些老年的女性竟然按照自己心中的音乐，用华尔兹的舞步翩翩而行，成为一道亮丽的风景。

法国女性对美容的重视，持续到老年。一位女性对健康专栏的记者说：“我的奶奶76岁了，可是她对自己皮肤、头发的保养从来是一丝不苟。她还告诉我说，女人的皮肤非常娇嫩，要用最适合自己的护肤品。”经济宽裕的法国女性使用肉毒杆菌素防止皱纹很普遍，而收入不很高的老祖母们则通过购买护肤品、避免曝晒等方法防止过快衰老。

（来源：北京晚报、北京晚报新视觉网）

机器人点亮晚年生活　国外智慧养老悄然来临

◉筱　编

当下，传统的养老方式越来越难以满足社会发展和民众需求。“互联网+”时代的来临，为养老产业注入新的活力。但智慧养老作为新兴业态，尚处于初级阶段，其培育发展仍然面临着诸多挑战。

荷兰，机器人点亮晚年生活

在荷兰南部小城菲赫特的一家养老院内，十几位坐在轮椅上的老人围成半圆，跟着一个人形机器人锻炼身体。机器人取名卓拉，看上去像一个活泼可爱的小女孩，身高57厘米，体重5.7公斤。卓拉站在一张桌子上，像健身教练一样，一边示范动作，一边讲解动作要领。老人们模仿着卓拉的动作，弯曲手指，伸展臂膀，抬腿压腿。

“新技术不是年轻人的专属，老年人也应分享新技术带来的全新体验。”养老院负责人泰尼·卡道尔在接受记者采访时表示，“孤独是很多老年人最大的困扰，帮助老人战胜孤独是养老院的一项中心工作。由于老人们的子女和亲属忙于工作很难经常前来探望，我们养老院便引进了这个机器人来陪伴他们。”卡道尔同时也是比利时布鲁塞尔自由大学一位资深老年学教授。

这家养老院的老人们平均年龄87岁，大多行动不便。为了让老人们锻炼身体，养老院让卓拉每天给他们上一节体操课。上课时，还有一名助教站在卓拉旁边，对老人们进行个性化指导。

卓拉由比利时一家机器人公司开发生产，身上装有摄像机、扩音器和麦克风，可以模拟人的一些动作和表情，能够通过眨眼睛、眼神接触、点头摇头等简单肢体语言与人进行互动。卓拉不仅会上体操课，还会走动、说话、唱歌、跳舞。“卓拉点亮了我们的生活，让我们从过去那种单调沉闷的情境中走了出来，重新对生活充满了希望。”老人凯琳娜·布内对记者说。

据悉，到目前为止，在比利时、法国和荷兰三国，已有超过6000多位老人与卓拉这样的护理机器人有了互动。

不过，也有批评者指出，护理机器人尽管可以为老年人提供很多帮助，但这种帮助毕竟是出自一双“冰冷的手”，而非亲人那双“温暖的手”。老年人更需要亲情的慰藉，这是机器人所不能给予的。对此，卡道尔认为，照顾老年人的最佳人选固然是其亲属，但在需要紧急护理的时候，亲属往往不在身边。这时候如果有一个能说会动的护理机器人可以及时提供帮助，对于老年人来说是至关重要的。“机器人无法完全替代亲人来照顾老人，但机器人可以在亲人不便的时候来帮助照顾老人。”

“养老不仅仅是延年益寿，更要让老年人生活得有尊严。”卡道尔表示，很多老年人由于行动不便难以独自如厕，但如厕是一件非常隐私的事情，即便是自己的子女帮助老人，老人大多也会感到很难为情。所以很多老人便会尽量减少如厕，长时间这样做非常不利于健康。“护理机器人可以解决这一尴尬难题，让老人更轻松自在。”

为了提高智慧养老水平，欧盟近年来积极致力于研发老年人全职护理机器人。目前，所开发的机器人已具备以下主要功能：通过穿戴式检测装置进行简单的医护操作，如测量血压和体温；提供简单的家庭服务劳动，如端水送饭、传递用品和开关电视等；参与老年人“偏爱”的互动游戏；通过视频保持同医护人员与救援机构的互动；等等。有分析认为，这种机器人可有效降低老年人的寂寞孤独感，提高其生活自理能力。

美国快乐养老提高幸福感

午餐时间，在美国纽约永康成人日间护理中心，老人们排队到一台触屏电脑前点餐。屏幕上显示的菜肴荤素搭配，种类五花八门，营养丰富。一位患有糖尿病的老人选择自己爱吃的菜品时，电脑程序已经把老人可选择的菜品限定在糖尿病人可食用的无糖、清淡、少油等范围内。屏幕上还清楚地显示出剩余空座和相应桌号，以及已经选择在此桌就餐的老人姓名。

目前，不少养老中心接送居家老人往返中心参加活动时都在车上安装了追踪设备。接送老人的车是专用车辆，不涉及侵犯隐私权问题。安装追踪设备是为了让老人在等车期间就可上网，即时查询车况路况，以便可以等车邻近自己住所时再下楼上车，避免了埋怨司机现象的发生。

利用手机应用软件（APP）也可以实现老人和外界零距离接触。纽约永康成人日间护理中心举办了电脑培训班，让老人从零开始慢慢接触各种电子设备。在APP上的老年人论坛里，老人们在家就可点评中心服务质量，并与其他老人沟通交流。永康成人日间护理中心总经理叶罗伊表示，考虑到目前科技和医疗领域的快速发展，未来他们也会考虑用更加先进的数字信息技术和高科技支撑的医疗手段为老人服务。

当然，这种快捷周到的服务是政府用庞大税收进行支撑的。在对每个老人的收入状况评估后，政府将月收入825美元以下的老人定为低收入老人，向他们发放“白卡”。老人可以用这张卡免费选择相应的保险公司，以极低的费用甚至免费享受养老服务或医疗服务。也就是说，享受上述服务的都是低收入老人。

美国利用社会资源共同解决社会养老问题，政府将大部分社会养老预算拨给一些保险公司，让保险公司通过企业运作的方式管理并支配养老预算。保险公司利用大数据对选择其养老保险的老人理赔情况进行了研究，发现那些积极参与人际交流、经常外出参加活动的老年人身心健康状况明显好于长期闭门不出的老年人，理赔数量也有很大不同。保险公司根据这一研究结果将政府拨给的养老预算分成三部分，将50%的预算费用用于快乐养老即预防养老，将40%的预算费用用于家庭护理，最后的10%预算费用用于老人住院治疗护理。

通过将50%的预算投向快乐养老，免费参加各种兴趣班和社交活动，交流思想，锻炼身体，预防疾病。65岁至85岁的老年人因病理赔额比以前大幅降低，有些小病也不愿去医院，许多90岁高龄的老人还能生活自理、外出活动。保险公司也因此节约了大笔理赔。而且，快乐养老成功地将老年人比较健康的状态向后延伸了很多年，因此用40%的养老预算为部分老年人进行卧床护理的时间已经被大大缩短并向后推迟。老人卧床这段时间，护理公司会派专业护士经常到老人家中进行专业护理，虽然保险公司成本有所上升，但时间相对较短，所以费用也不会很高。而用10%养老预算给老人提供的基本上是老人生命最后阶段的治疗和临终关怀费用。这段时间更短，保险公司即使全额赔付也花不了太多费用。实践证明，这种养老模式既让老年人成为最终受益者，又为社会提供了大量就业机会，是目前美国比较成功的一种社会养老模式。

德国高科技助力居家养老

环境辅助生活（AAL）系统，是指通过现代化的感应传输装置，将家里的各类仪器智能化，共同连通在一个具有扩展性的智能技术平台上，构建一个即时反应环境，对居家者的状态和环境对象进行分析，立即做出判断与反应。一旦该监测系统的数据分析显示居家者出现摔倒、昏迷甚至呼吸困难等紧急状况，便会发出呼救，第一时间联络预设的紧急联系人，例如居家者亲属、急救中心或提供上门服务的护理公司。

这一看似“玄幻”的系统离人们并不遥远。在德国柏林马灿区的一栋办公楼内，记者参观了一处覆盖了“环境辅助生活”系统的样板房。140平方米的房间内，处处有“机关”。从卧室去往浴室、洗手间沿路的墙角边，嵌有一串长条状的“夜视灯”，以避免半夜突然亮灯让老年人晃眼。卧室墙顶装有“工”字形滑槽，吊有自动起降杆，能够让下半身瘫痪的老人，通过双手独立将自己“吊”在起降杆上，从床上“吊”到轮椅上，或到达房间的任意一处。浴室、洗手间内，也都设有老人可以支撑、拉扶或坐卧的辅助设施，随处可见求助、报警按钮。

“这样的家居设施和一个高级养老院的公寓房有什么区别呢?”AAL系统样板房的主要发起方、德国护理设备公司OTB的市场部负责人阿妮娅·施利希特表示：“AAL系统的目的，是完全实现老年人或生活不便者独立、安全生活的能力。”养老院设施考虑的是如何随时监测老年人身体突发状况并快速反应。AAL系统下的房屋不仅要满足这一功能，更要考虑老年人独居的便利情况。例如，房间内的大部分设施可以通过遥控完成；床铺设计成一半为普通床铺，一半为升降床铺，避免与老伴儿分床；床上用品的布料为特殊材质，透气防水，方便老人换洗打理；如果长时间卧床未动，床垫下方的感应垫会报警联络紧急联系人；床脚边的感应毯，一旦踩上就会报警，可以防止阿尔茨海默症（俗称老年痴呆症）患者半夜下床出走……此外，自动喂餐机、血压计、血糖监测仪等一应俱全。

施利希特指着客厅一个电子闹钟模样的设备说："这就是 AAL 的核心，辅助平台控制中心。老人一天的起居情况都会通过各感应器传输到这里进行综合分析。即便是老人打开药盒服药的情况，都会记录于此。家属、护理员可以在手机上安装应用，远程同步查询平台存储老人生活、活动数据。"目前，为普通家庭改装 AAL 系统的价格仍然不菲。为让更多经济条件一般甚至困难的老人也能在家中享受这一养老系统，很多慈善机构正在着手相关项目。德国杜塞尔多夫数字城市协会主席施特凡·施耐德告诉记者，他们正在和一些慈善基金合作，对贫困老人的公寓进行 AAL 系统改造，来自中国的中兴通讯公司也是这一项目的重要参与者。

记者采访时正好遇到柏林拉扎勒斯职业学校护理专业的学生前来参观。带队老师海德·科洛克告诉记者，居家养老已经成为一个护理专业课题，未来的养老模式将从集中的养老院转变为分散的上门服务，护理人员要学会与 AAL 系统协作，实现养老资源的优化配置。

"我奶奶几年前独自乘坐公交时摔倒了，周围没有人帮忙。如果当时普及这类便携辅助系统的话，摔倒后会自动通知家人与护工，奶奶就能及时得到照顾，不至于一个人忍痛走回家中。"因为这件事，里奇立志学习护理，成为该专业少有的男生。对女生苏珊而言，AAL 不仅是老人的帮手，更是医护人员的帮手："女性在护理行业中占多数，照顾老人时需要抱、扛等体力活，这也是对女护工最大的工作挑战。借助 AAL 各类辅助设备，体力就不再是问题。"

AAL 并不是一个新概念。2008 年，德国联邦教研部投入 4500 万欧元，支持了 18 个与 AAL 系统研发相关的项目。同时，德国联邦教研部与德国电气工程师协会每年合办 AAL 大会，推进 AAL 国际标准的制定，以在欧洲市场或更大范围内执行。

（来源：老年网）

跨统筹地区就业如何计算养老金

◉筱 编

丁××是一所民办中学的老师，20世纪90年代末他从老家的一所中学离职后，来到了南方某城市的一所民办中学工作。他的户籍还在老家，但是所在单位为其办理的社会保险统筹却在单位所在地。如今丁老师已经临近退休年龄了，他不明白的是，他之前的各类社会保险统筹是在老家的，而后来的社会保险统筹又是在新的城市，那么，他的缴费年限该如何计算呢？他的相关养老金待遇又应该由哪个地方的社会保险经办机构支付呢？

根据《中华人民共和国社会保险法》和国家有关规定，参保人员因工作流动在不同地区参保的，不论户籍在何地，其在最后参保地的个人实际缴费年限，与在其他地区工作的实际缴费年限及符合国家规定的视同缴费年限，应合并计算，作为享受基本养老金的条件。参保人员达到法定退休年龄时，其退休手续由其最后参保地的劳动保障部门负责办理，并由最后参保地的社会保险经办机构支付养老保险待遇。参保人在异地实现再就业的，原参保地社会保险经办机构应为其及时办理养老保险关系的转移手续，接受地的社会保险经办机构要及时为其接续基本养老保险关系。

丁老师的缴费年限按他所有的缴费年限合并计算，他的养老金应该由他最后工作地的社会保险经办机构来负责。

温馨提示：《中华人民共和国社会保险法》规定，个人跨统筹地区就业的，其基本养老保险关系随本人转移，缴费年限累计计算。个人达到法定退休年龄时，基本养老金分段计算、统一支付。具体办法由国务院规定。个人跨统筹地区就业的，其基本医疗保险关系随本人转移，缴费年限累计计算。职工跨统筹地区就业的，其失业保险关系随本人转移，缴费年限累计计算。

乐龄信箱

最佳鱼饵如何做

麝香米是鲫鱼、草鱼、鲤鱼最爱吃的饵料之一。其具体做法是：买回一点麝香，用纱布包好，再用玻璃瓶装入大米，纱布包也放入瓶内，封好瓶口，经10~15天即成。这种诱饵耐水泡时间长，不变质、不变色、不变形。药米也是鲫鱼、草鱼、鲤鱼喜欢吃的饵料。其具体做法是：用灵草40克、排草60克、香松50克、小茴香30克、滑石20克、大黄20克，分别切碎装入玻璃瓶中，加入白酒淹没，浸泡1~2个月后即可。

当我老了请不要嫌弃我

◉ 杨恒均

游荡了这么多年，从东到西，又从北到南，一年又一年，我在长大，知识在增加，世界在变小，家乡的母亲在变老。

21年前母亲把我送上了火车，从那以后，我一刻也没有停止探索这个世界。20年里，从北京到上海，从广州到香港，从纽约到华盛顿，从南美到南非，从伦敦到悉尼，我游荡过50多个国家，在十几个城市生活和工作过。每到一个地方，从里到外，就得改变自己以适应新的环境，而唯一不变的是心中对母亲的思念。IP电话卡出现后，我才有能力常常从国外给母亲打电话，电话中母亲兴奋不已的声音总能让我更加轻松地面对生活中的艰难和挑战。然而也有让我不安的地方，那就是我感觉到母亲的声音一次比一次苍老。过去两年里，母亲在电话中总是反复叮嘱：在外面好好生活，不要担心我。一定要照顾好自己，不要想着回来。回来很花钱，又对你的工作和事业不好。不要想着我……说得越来越啰唆，啰唆得让我心疼。我知道，母亲想我了。

母亲75岁那年，我毅然决定放下手头的一切工作，搁下心里的一切计划，扣下脑袋里的一切想法，回国回家去陪伴母亲一个月。这一个月里，什么也不干，什么也不想，只是陪伴母亲。

从我打电话告诉母亲的那一天开始到我回到家，有两个月零八天，后来我知道，母亲放下电话后，就拿出一个小本本，然后给自己拟订了一个计划，她要为我回家做准备。那两个月里母亲把我喜欢吃的菜都准备好，把我小时候喜欢盖的被子装上被罩，还要为我准备在家里穿的衣服……这一切对于一个行动不方便又患有轻微老年痴呆症的母亲来说，是多么的不容易。直到我回去的前一天，母亲才自豪地告诉邻居：总算准备好了。

在回家的飞机上，我很想见到母亲的时候拥抱她一下，但见面后我并没有这样做。母亲站在那里，像一根风干的劈柴，脸上的皱纹让我怎么也想不起母亲以前的样子。

母亲准备的都是我以前最喜欢的菜。其实，我的口味早就改变了。而且母亲由于眼睛看不清，以及味觉的变化，做的菜不是太咸，就是太淡。母亲为我准备的被子是新棉花垫的，厚厚的，像席梦思，我一点儿也不习惯。我早就用空调被和羊毛被了。但我都没有说出来。我回来只为陪伴母亲。

开始两天母亲忙着张罗来张罗去，没有时间坐下来，后来有时间坐下来了，母亲就开始唠叨了，开始给我讲人生的大道理，但这些大道理是几十年前母亲反复讲过的。后来母亲开始用这些道理来检讨我的生活和工作。我只得耐心地对母亲解释，那些道理已经过时了。于是母亲就会痴呆呆地坐在那里。

后来，母亲的身体情况变得越来越糟糕。我发现母亲由于眼睛不好，饭菜里经常混进虫子苍蝇；做饭时不讲卫生，饭菜掉在灶台上，她又会捡进碗里。于是我婉转地建议母亲，可以到外面吃一点。母亲马上说，外面吃不干净，假东西多。我又告诉母亲，想为她请一个保姆，母亲生气地一拐一拐在房间里“噼啪噼啪”走，说她自己还可以去给人家当保姆。我陪母亲去逛街，她不肯打车，坚持要走着去商场，我们用了一个上午的时间才走到商场。我才明白，母亲这么些年为了省车费，都是走着去商场的。

每当我们讨论一些事情的时候，母亲总以为儿子已经误入歧途，而我也开始不客气地告诉母亲，时代进步了，不要再用老眼光看问题。

和母亲在一起的后半个月，我越来越多地打断母亲的话，越来越多地感到不耐烦。但我们从来没有争吵，因为每当我提高声音或者打断母亲的话，她都会一下子停下来，沉默不语，满脸迷茫。母亲的老年痴呆症越发严重了。

我临行前，母亲吃力地从床底下拉出一个小纸箱，打开来，取出厚厚的一叠剪报。原来我出国后，母亲开始关心国外的事情，为此她还专门订了份《参考消息》，每当她看到国外发生的一些排华辱华事件，或者出现严重的治安问题，她就会小心地把它们剪下来，放好。她要等我回来，一起交给我。她常常说，出门在外，要小心。几天前邻居告诉我，母亲在家看一部日本人欺负华人的电视剧，在家哭了起来，第二天到处打听怎么样才能带消息到日本。那时我正在日本讲学。

母亲吃力地把那捆剪报搬出来，宝贝一样交到我手里，沉甸甸的。我有些为难，这些剪报对我来说没什么用处，我不可能带走。可是，想到母亲是如何花了心思、费了工夫收集起来，就更不知如何是好。我正在为难，这时那一捆剪报里飘落下一片纸片。我想去捡起来，没有想到，母亲竟然先捡了起来。只是她并没有放进我手里的这捆剪报里，而是小心地收进了自己的口袋。

“妈妈，那一张剪报是什么？给我看一下。”我问。

母亲犹豫了一下，把那张小剪报放在那一叠剪报上面，转身到厨房准备晚餐去了。

我拿起小剪报，发现是一篇小文章，题目是《当我老了》，旁边的日期是2004年12月6日（正是我开始越来越多打断母亲的话，对母亲不耐烦的时候）。我一口气读完这篇短文：

当我老了，不再是原来的我。

请理解我，对我有一点耐心。

当我把菜汤洒到自己的衣服上时，当我忘记怎样系鞋带时，

请想一想当初我是如何手把手地教你。

当我一遍又一遍地重复你早已听腻的话语，

请耐心地听我说，不要打断我。

你小的时候，我不得不重复那个讲过千百遍的故事，直到你进入梦乡。

当我需要你帮我洗澡时，

请不要责备我。

还记得小时候我千方百计哄你洗澡的情形吗？

当我对新科技和新事物不知所措时，

请不要嘲笑我。

想一想当初我怎样耐心地回答你的每一个“为什么”。

当我由于双腿疲劳而无法行走时，

请伸出你年轻有力的手搀扶我。

就像你小时候学习走路时，我扶你那样。

当我忽然忘记我们谈话的主题，

请给我一些时间让我回想。

其实对我来说，谈论什么并不重要，只要你能在一旁听我说，我就很满足。

当你看着老去的我，请不要悲伤。

理解我，支持我，就像你刚开始学习如何生活时我对你那样。

当初我引导你走上人生路，如今请陪伴我走完最后的路。

给我你的爱和耐心，我会报以感激的微笑，这微笑中凝结着我对你无限的爱。

一口气读完，我忍不住流下眼泪。我把那篇文章放在这一捆剪报里。这时母亲走出来，我把剪报放进箱子里，我看到母亲特别高兴，仿佛那些剪报是护身符，又仿佛我

接受了母亲的剪报，就又变成了一个好孩子。

谭嗣同临危救父

◉筱　编

甲午战争后，谭嗣同在浏阳倡办《湘报》，成立学社，联合志士仁人积极宣传新学，探讨爱国真理，寻找救亡之法。他的才华被光绪皇帝赏识，不久被授予四品衔，与康有为、梁启超等人一起，成为光绪推行新政的心腹参谋。

但新法一开始就遭到以慈禧太后为首的顽固派的激烈反对，企图致维新派于死地。

1898 年 9 月 21 日，光绪帝被囚，百日维新宣告失败，清政府开始大肆搜捕维新志士，谭嗣同自然在劫难逃。当时，梁启超等人赶到谭嗣同住处对他说："留得青山在，不怕没柴烧，快跟我们一起到日本去暂避一时吧！"

"不！"谭嗣同斩钉截铁地说："各国变法无不以流血而成，今中国未闻有因变法而流血者，此国之所以不昌也。有之，请自嗣同始！"说着，他拉着梁启超的手说："你们快走吧，多多保重，将来变法要靠你们了！"

梁启超等人离京以后，北京城内乌云密布，眼看一场风暴将至。

谭嗣同早已将个人的安危置之度外，但他知道清政府一贯厉行"一人犯法，累及家庭"的株连法，想到自己被捕后即将累及 70 多岁的父亲，他心如刀割。

忽然，他心里一亮，转身走到书桌前取出信笺秉笔直书：

复生：

你大逆不道，屡违父训，妄言维新，狂行变法，有悖国法家规，故而断绝父子情缘。倘若予以不信，愿此信作为凭证，尔后逆子伏法量刑，皆与吾无关。

谭继洵白

谭嗣同在模拟父亲的笔迹伪造了这封家书后，长长地吐出了一口气。他将信笺折好放进抽屉后，走到窗前，对着窗外自语："父亲，孩儿有难，决不牵累您老人家，母亲生前重托，我也决不会忘记！"

原来，谭嗣同 12 岁那年，他母亲和姐妹三人均病殁于一场瘟疫。母亲临死前对他说："你父亲脾气倔强，我死后你要好生顺着他，照顾他。"母亲死后不久，谭嗣同也感染瘟疫，一连三日发高烧，父亲到处求医给他治病，日夜在旁边守护，终于使他摆脱了死神……

第二天，一队清兵冲进浏阳会馆来抓谭嗣同，还四处搜寻书房里的"罪证"。这时，谭嗣同看到书桌里的那封伪造父亲笔迹的信被清兵搜出交到一名太监手里，他想：这下父亲有救了。

1896年9月28日下午，北京宣武门外菜市口大街刑场上发出震撼天地的呼声："有心杀贼，无力回天，死得其所，快哉快哉!"

谭嗣同英勇就义。因有"家书"，谭嗣同的父亲免于治罪。

点评：谭公存节，临危生智。其气可扬，其智可颂。义举救父，后人敬仰。

（李宝库主编《中国敬老故事精华》，中国社会出版社，2009：28－30）

乐龄信箱

晚年生活新观念　老年呈现"走婚"忙

据2012年的一项研究数据显示，到2050年，我国临终无子女的老年人将达到7900万，而独居和空巢老年人将占54%以上。

独居老人，有的是丧偶或离婚后再婚、三婚，甚至四婚或更多，但最终还是以独居而告终。为什么老年人更容易离婚？这与再婚老人的婚姻基础比较脆弱有关。

（1）大多数老人再婚前，与对方认识时间短，在未深入了解彼此的习惯、性格、观念、人品时，就仓促成婚。如果双方的生活习惯和教育背景以及个人修养差异比较大的话，婚后两人磨合较难，易出现矛盾。

（2）老年人再婚一般目的性比较强。有些老人因为自己身体不好，儿女又不在身边，想找一个老伴儿照顾自己的饮食起居，把老伴儿当成"生活保姆"。

（3）有的老年人经济条件差，儿女条件也差，无能力赡养，所以想找一个经济条件好的老伴儿有所依靠。当老年人在这些过于"现实"的再婚中，发现自己的目的达不到时，就会产生不满情绪，导致分手。

（4）再婚老人绝大多数有自己的子女，重组家庭改变了原有的家庭结构，不论是老两口单独生活，还是和一方子女共同生活，必然产生新的矛盾。各方沟通不畅，激化矛盾，老人忍痛分开。

（5）子女对老人再婚的反对绝大部分来源于对财产的担心。而再婚老人一开始本意想离婚的很少，但子女对财产的争执，让老人互相之间产生敌对情绪。老人一般会和亲生子女一条心，所以，很多处于弱势的老年人，基于与儿女的关系、生活照料等问题的考虑，往往无奈地结束再婚生活。

（6）再婚的老夫少妻，男方的年龄往往大女方几十岁，男方老态龙钟时，女方刚到中年，逃避责任的女方以双方存在代沟和感情交流有障碍要求离婚。

鉴于负面的影响与教训，有些观念超前的老年人，选择"走婚"。走婚，是摩梭人的特色文化，即男人晚上到女方家居住，次日凌晨离开，男女双方不办理任何确定婚姻关系的手续。如今，这种少数民族的特殊婚姻文化，却在一些老年丧偶群体中流行起来。有的老人，双方白天见面，结伴娱乐，互为慰藉，晚上各回各家，基本生活互不打扰，也互不跟子女产生瓜葛。

非婚同居是不受法律保护的，一旦产生各种同居纠纷，会给双方带来很多痛苦和麻烦。

一份特殊的传家宝

◉ 李鹏翔　朱华颖　李劲峰

引言

家庭是社会的细胞。自力更生，互帮互助，家庭才会幸福，国家才有希望。

武汉市百步亭社区71岁婆婆余洪芝，在社区支持下，15年热心于公益服务，写满的10本日记，成为社区志愿服务的“资料库”。

余洪芝说，做好事、写日记的习惯都是父亲教自己的。她将把日记本传给儿子、孙子。“一个人做好事、善事会一辈子幸福快乐，这是我一生都不后悔的‘事业’。”

10本志愿服务日记

2012年1月13日，徐德云家老伴儿病了，想去医院叫不到出租车，我喊儿子开车把他们送到医院。

2013年8月6日，严琳老人手受伤了，我们到老人家帮她做卫生，抹柜子、拖地、擦窗户。

2016年12月20日，我们在冬至前为小区空巢老人举办饺子宴，和志愿者一起包了3000多个饺子，和老人们一起吃饺子或把饺子送上门。

这一段段充满爱心的志愿服务故事，是从武汉市江岸区百步亭社区居民余洪芝的日记本上摘抄下的。

翻开一摞摞泛黄的日记本，简朴无华的语言，长短不一的文字，记录下这位年过七旬的老人服务社区居民的日常点滴。

2002年3月，余洪芝从一家医药加工厂退休后，搬到百步亭社区安居苑居住。遇到社区干部上门，询问是否愿意当楼栋长时，余洪芝一口应承下来。

“父亲常说，不因善小而不为；好记性不如烂笔头。”余洪芝回忆说，从当楼栋长开始，她就形成做好事、写日记的习惯。

余洪芝所在的安居苑A区，共有18栋居民楼49个单元，住着746户2980人，其中有13户空巢老人、4户残疾人家庭和7个重症病人。她说，社区情况比较杂乱，需要帮助的群众很多，光靠脑子记不住、记不全，“就买来笔记本把每次做的都记下，不至于听过就丢了忘了”。

日复一日，15年来余洪芝总共写完10万多字10本志愿服务日记，背后是累计上万小时的志愿服务付出。

这些日记本，也成为余洪芝的志愿服务“资料库”。社区哪些家庭老人有什么疾病，年轻人有什么困难，孩子有什么需求，她都写在本子上，装在心里。

由此，余洪芝也被社区居民亲切地称为“日记婆婆”。

“日记婆婆”的事迹在网上走红后，引发众多网友点赞。网友“德德”评论说，家庭是社会的细胞，自力更生，互帮互助，家庭才会幸福，国家才有希望。

网友“明天的阳光”说，余婆婆为空巢老人提供志愿服务，实属不易，她的正能量能让社区形成助人之乐之风，让关爱老人、帮助老人成为日常行为。

网友“回首来时路的每一步”在微博上发帖说：“爱改变生活，心温暖世界。”余洪芝全家争做志愿者，就是将奉献的力量不断扩大，将温暖传递得更远，将志愿服务精神不断地传承下去。

帮助他人是我最好的“降压药”

一次社区走访中，罗汉清老人的女儿向余洪芝吐露心声。她父亲中风后，左边手脚无力。每次进出楼栋门口，下台阶时可以慢慢挪，但上台阶时没扶手，只能用肩膀靠在墙上借力。

“他们做子女的，由于要工作不能天天陪着，心里头挂念着父亲，让人心酸。”余洪芝说，她将这件事写进日记本后，就开始琢磨。

余洪芝的老伴儿黄道银是钳工退休。两人商议着，自己动手买来材料，在台阶上装上不锈钢扶手。“没花多少钱，但能让罗汉清轻松上下楼，子女放下忧心，这比什么都值。”

由于体重与血压偏高，刚开始时，家人担心她走家串户、上楼下楼，身体受不了，总劝她少做事，多休息。余洪芝答复说：“在社区做志愿服务，是我退休后的生活习惯。帮助他人带来的开心，就是我最好的‘降压药’。”

从刚开始的心疼，到后来的理解与支持，陪伴她一起做，众多热心人参与其中，余洪芝一家人都逐渐被她所感染，成为社区的铁杆志愿服务者。

老伴儿黄道银，每天参与社区组织的治安巡逻，遇上结对家庭成员过生日，黄道银都会送去亲手下的长寿面。每年除夕夜，儿子黄建华都和母亲在小区值班巡逻，防止燃放烟花爆竹起火。年幼的孙子也成为一名“小小楼栋长”，经常跟着奶奶四处走访。

“妈妈常说，一个人做好事，会一辈子幸福快乐。”黄建华说，母亲给子女们树立了榜样。

日记本是传家宝

在全家人的参与中，余洪芝家的电话渐渐成为社区闻名的“守护热线”。余洪芝的日记本中记录着，某日凌晨1点多，她家电话突然响起，社区80多岁的空巢老人严琳的老伴儿发病昏迷不醒。

余洪芝马上调动全家人起床，她和老伴儿第一时间赶过去，儿媳妇打电话叫救护车，儿子到小区门口等候引路。在一家人与社区的配合下，老人很快被送到医院，抢救过来。严婆婆感激地说：“如果不是你们一家人的帮助，我老伴儿可能就没命了。”

无论是生病需要送医院，或雨雪天气帮忙买菜，结对的空巢老人只要一个电话打到余洪芝家，余洪芝很快就会上门。“现在空巢老人多，他们不缺钱，但多数很孤独，我们帮忙买点东西，上门聊个天，就能排解他们的孤独。”

“日记婆婆”余洪芝的善举，不仅感染了家人，也带动社区居民参与到公益活动中来。由余洪芝牵头、社区组织，小区居民成立了“贴心关爱服务队”，与20多户空巢老人、残疾人结成关爱对子。

目前，已有40多个社区家庭参与“贴心关爱服务队”。生日送长寿面、重阳节送饺子、冬天送鸡蛋、夏天送绿豆、平常送问候、生病送慰问，这“六送”志愿服务，已成为社区传递温情的纽带。

“作为一个家庭，我们所做的点滴，社区居民都看得到，他们也会跟着一起参与进来。”余洪芝说。千万个小家庭都和睦了，整个国家也就和谐了。

2016年12月12日，余洪芝老人作为全国文明家庭代表，在北京人民大会堂上台领奖，接受表彰。“这天刚好是我的生日，这份荣誉是我最好的生日礼物。”

领奖后，余洪芝回到社区继续参与志愿服务，并将其记在日记本上。“我家无以为宝，志愿服务日记本就是我的传家宝。”

“平民之家，很难传下祖产，却能传下以家风为载体的精神财富。”百步亭社区管委会主任王波说。“日记婆婆”一家乐于助人、热心公益，不仅是社区治理的热心肠，也是社会主义核心价值观的传播者。

余洪芝说，做好事、写日记的习惯都是父亲教自己的。她也将把日记本传给儿子、孙子。“让下一代人体会到我们这代人的追求，让志愿精神成为家风，代代相传。”

（来源：新华社）

茅以升设立母亲奖学金

◉ 筱　编

一天，在世界著名桥梁专家茅以升家里，兄弟几人聚在一起，商量如何庆祝母亲70岁生日。

哥哥说:“母亲爱子胜于爱自己，她发现我们有不良倾向时，总是耐心开导，从不暴躁训斥。现在我们学有成就，能报效祖国，得感谢她老人家的养育之恩。我们兄弟几家合在一起为母亲祝寿吧!”

弟弟说：“母亲为了儿子们的成长操劳了一辈子，我们在家乡建造一座花园小楼，让母亲过个幸福的晚年。”

茅以升一言不发，沉浸在幸福又心酸的回忆里。他想起童年时代家中的一场大火，那是多么可怕的夜晚啊!屋里燃起熊熊烈火，浓烟、火舌夺门而出。母亲为救孩子，一次又一次地冲进火海……兄弟几人终于脱险了，母亲的脸上却留下了深深的疤痕。

15岁那年，茅以升考进唐山路矿学堂。进校3个月，辛亥革命推翻了清政府，他和同学们想弃学从军。他写信给母亲，希望得到母亲的支持。母亲回信说：“你想参军报国，想法可嘉。但你年纪还小，知识不多，就是一心想为国出力，也没多大本事。应安下心来，继续读书为好。”

茅以升接受母亲的劝导，留在学校发奋读书。1912年秋天，孙中山先生去唐山路矿学堂视察，勉励学生学好本领，为国效劳。听了孙中山的讲话，茅以升回忆起母亲的叮嘱，立志做个有真才实学的人。在唐山五年的学习中，几乎每次考试他的成绩都是全班第一。他好学的精神使全班同学十分钦佩。他的理解力和记忆力也是全校闻名的，不仅能背出圆周率小数点后几十位数字，还能背出化学元素周期表。

茅以升说：“我们兄弟几人能够学有成就，全靠第一任教师——母亲。我们大力弘扬母亲孜孜以求、诲人不倦的精神，就是对母亲七十寿辰的最好的祝贺。”

他站起来，继续说道：“我建议以母亲的名字设立‘石渠奖学金’，奖励研究土木工程力学的优秀学员。”茅以升的主张得到弟兄们的赞同，大家捐款在唐山工程学院设立了“石渠奖学金”。人们夸奖茅以升兄弟对母亲的孝心，也夸奖他们母子两代人对科学的贡献。

（李宝库主编《中国敬老故事精华》，中国社会出版社，2009：46－47）

生日的一束鲜花

◉筱 编

午后的天灰蒙蒙的，乌云压得很低，似乎要下雨了。就像一个人想打喷嚏，可是又打不出来，憋得很难受。多尔先生情绪很低落，他最讨厌在这样的天气出差。由于工作的关系，他要转车到休斯敦。离开车的时间还有两小时，他便在站前广场漫步，借以打发时间。

“太太，行行好。”声音吸引了他的注意。循声望去，他看见前面不远处有一个衣衫褴褛的小男孩，正伸出鹰爪样的小黑手向一贵妇讨钱。那个妇人牵着一只漂亮的小狗急忙地赶路，生怕小黑手弄脏了她的衣服。

“可怜可怜我吧，我三天没吃东西了，给一块钱也行。”

因为甩不掉这个小乞丐，妇女转身怒喝一声：“滚！这么小就会做生意！”小乞丐站住脚，满脸失望。

多尔先生想，听说专门有一种人靠乞讨为生，甚至还有发大财的呢。还有一些大人专门指使孩子乞讨，利用人们的同情心，说不定这些大人就站在附近观察呢，也说不定这些人就是孩子的父母，如果孩子讨不到钱，回去就要挨罚。不管怎么说，孩子也怪可怜的。这个年龄本来该上学，在课堂里读书。这个孩子跟自己的儿子年龄相仿，可是这个孩子的父母太狠心了。无论如何都应该送他上学，将来成为对社会有用的人。

多尔先生正思忖着，小乞丐走到他跟前，摊着小脏手说：“先生，可怜可怜我吧，我三天没吃东西了。给一块钱也行。”不管这个乞丐是被生活所迫还是骗人，多尔先生心中一阵难过，他掏出一美元的硬币递到他手里。

“谢谢您，祝您好运！”小男孩金黄色的头发都粘在一起了，全身上下只有牙齿和眼球是白的，他自己应该都忘记上次洗澡的时间了。

树上的蝉鸣显得聒噪，空气又闷又热，多尔先生不愿太早去候车室，于是就走进一家花店。他在这里买过几次礼物送给朋友。

“你要找些什么？”卖花小姐训练有素，礼貌又有分寸。这时从外面又走进来一人，正是刚才的小乞丐。小乞丐很认真地端详着鲜花。

“你要买些什么？”小姐这么问，虽然她从没想过小乞丐会买花。

“一束万寿菊。”小乞丐竟然开口了。

“要我们送给什么人吗？”

“不用，请写上‘献给我最亲爱的人’，下面再写上‘祝妈妈生日快乐’！”

“一共是二十美元。”小姐一边写一边说。

小乞丐从破衣服口袋里摸出一把硬币倒在柜台上，那里面可能还有多尔先生刚才给他的。

他数出二十美元，然后虔诚地接过花并转身离去。

这个小男孩还蛮有趣的！这是多尔先生没有想到的。

火车终于驶出站台，多尔先生望着窗外，外面下雨了，路上没有了行人，只剩下各式车辆。突然，他在风雨中发现了那个小男孩。只见他手捧鲜花，一步一步地缓缓前行，他似乎忘记了身外的一切，瘦小的身体更显单薄。多尔看到他的前方是一片公墓，他手中的菊花迎着风雨怒放着。

火车撞击铁轨越来越快，多尔先生的胸膛感到一次又一次的强烈冲击。他的眼前模糊了。

（佟伟《一定要为父母做的50件事》，中国社会出版社，2013：65－67）

母亲的天职

◉ 筱 编

麦群女士荣获香港崇德会颁发的“一九八五年崇德成就奖”，这项荣誉是颁发给那些以坚强意志和无限耐性帮助残疾子女成才的母亲的。她何以会得此奖？请听她的自述——

母亲抚养儿女为什么会得奖？天下的母亲不都一样吗？在我看来，出嫁、做事、生儿育女……全是女人的天职而已。

均祥是在1958年出生的，出生时体重2700克，看来健康正常。我不禁松了一口气。那时我的丈夫在外国人家里做西餐厨师，我也在那里帮佣。我们有个十一岁的儿子，本来还有一儿一女，但他们很小就病逝了。三年前，我生了个女儿叫均连。她十个月时患了脑膜炎，脑部组织受损，变得反应迟钝。这不是命运跟我们开玩笑吗？我没有做过伤天害理的事，为什么我的孩子会有这样的报应？

我们不能把均连带到雇主家住，只好花钱请一个远亲照料她。不过，只要我们有空就会带她去看病，希望能治好她。但中西医都看遍了，却都没用。她三岁才开始学走路，连话也说不清楚。

我们把均祥抱回家不久，他便日夜哭个不停，即使哄他也照样哭。

我担心极了。

他快满月时突然发高烧，我连忙把他抱到医院，医生要他住院治疗。后来我去看他，发现竟没有人给他换尿布，他的小屁股又红又肿。“是医生再三吩咐我们别碰他。”女护士解释说，“要是我们碰他一下，他的骨头就会碎裂。”

这简直是胡说八道！我气炸了。我不能再让儿子住在这种医院，坚决要带他回家。在我们离开前，医生对我讲解了均祥的病况。原来我的孩子患了一种叫作“玻璃骨”的病，他的骨骼只要轻轻压一下就会折断或碎裂，因而生存下来的概率极微。

“有多小?”我问了医生一句，“像中头奖概率那样小吗?”

这消息太突然了，我简直无法相信——即使均祥能活下去，但也永远不能行走，因为他的小腿和小胳膊萎缩，不会再长肉。

我把均祥抱回家后就辞去工作，把均连也接了回来。均祥整天啼哭，不过我现在明白，他是因为疼才哭的。不久，我摸透了他的疼处多数是关节周围，触摸他时便尽量避免碰到这些部位。

均连终于说出她的第一个字，叫了我一声“妈”。我非常兴奋！或许这孩子不是弱智，只不过发育比其他孩子迟一点罢了！她既然会说话会走路，我敢不敢企望有一天她也能照顾自己？我不敢把我的期望告诉别人，因为害怕不能实现。

丈夫回家时，我们有时会带这两个小鬼坐在楼房前面的人行道上乘凉，和邻居聊天，暂时将孩子们的健康问题抛之脑后。如果再没有别的事情发生，我也就心满意足了。只要上天让我的孩子活下去，我便谢天谢地了。

不过好景不长，1960 年的一天，我的丈夫因中风被送到了医院。医生没有给他药，只是说，就算他能活下去，恐怕后半生会一直瘫痪。有些人劝我送丈夫去广华医院，让他在这家由慈善机构办的免费医院里住到老。但我知道，他在医院里得到的照料不会像在家里那么周到，于是我把他带回家。

那天晚上我翻来覆去睡不着，心想，丈夫不能工作，我们此后吃什么呢？回想当初做新娘时，以为从此终身有依托了，但如今我十三岁的儿子要上学，丈夫瘫痪，五岁的女儿弱智，两岁的儿子残疾，厄运似乎永远在跟着我。天哪，这叫我怎么办呢?!

我也想到了乡下的母亲。我离家时她的眼睛已几乎全瞎，我记得她怎样摸索着走动，怎样在田里劳动，打点家务，让孩子们吃得饱穿得暖，令全家人相亲相爱。那天夜里我反复思量，想起母亲沉着坚毅的品格，我下了决心，无论如何也要想办法支撑这个家。人总是要活下去的。

想不到针灸和草药把我丈夫医活了。他虽然移动右臂和右腿仍有困难，但却能自己稍微走动一下。我找到了一份女佣的工作，每天早晨出去工作，丈夫就负责照管孩子。我回家才给两个孩子洗澡、做家务，经常到午夜才能上床休息。

均祥的右膝有个豌豆般大小的肿块凸了出来。我后来知道，这种肿块是由折断或碎裂的骨头形成的，必须要打上石膏来保护伤处。这只是第一个肿块，后来又有许多肿块长了出来。有时我不带他去看医生，只是用绷带把肿块紧紧包住。看着均祥受尽折磨，我真是心如刀割，恨不得能代替他受罪。但我除了爱护他之外，真不知道还有什么方法能减轻他的痛苦。

均祥虽然不能行走，却越来越聪明伶俐。他蠕动着身体爬到床边，从窗子向街上眺望。不久，他已经熟悉街上的行人，对街坊的活动都知道。看到有趣的事情，他还会“咯咯”笑，并断断续续地用儿话向我叙述。我总是在想：是否上天赐给他聪明，以弥补他身体上的缺陷？

我抱他去了一个又一个医院，希望有一个肯收留他、治疗他，但一次又一次都白走了。另外，我正在等候社会福利机构的名额，让均连能去接受训练。有一个福利会机构说，他们可以安排她住进救济院，不过不会训练她。我一口拒绝了。亲友知道后，都说我疯了。他们说，弱智女儿这个担子你还挑不够吗？为什么要放弃这个减轻负担的大好机会？要是他们的话，连均祥也会送去。他们问我：“你何必折磨自己？”我对他们的话不予理睬。

我是孩子的母亲，跟孩子血肉相连——谁能比我对他们照顾得更好？除非有哪个机构能帮我的孩子进步，否则我为什么要把自己的骨肉托给他们？

我病倒了，请了一天假，带着孩子们一起去医院检查。上天有眼，我只不过是工作过劳而已。但这一趟，医院却将我的命运扭转了过来。医院院长看见均祥的腿和胳膊变得又小又弯曲，责问我为什么不早点儿给他诊治。

“可是没有一个医院肯收留他呀！”我申辩说。

“如果有人介绍，他们会收的。”他说着随即签了一封介绍信给我。

均祥住进医院的那天，我真是满心欢喜！经过四年不断的访求，他终于得到医护了。此后的几年，均祥至少动了十几次手术。

均祥入院前不久，社会福利署通知我说，新开办的东头训练中心有个空缺，均连在那里会有人教她照顾自己，学习简单的阅读和工作技能，希望有一天她能学会照顾自己，甚至工作谋生。于是两个孩子终于都得到了他们所需的帮助。

均祥十岁时已住了六年医院，医生认为他们已竭尽所能治疗他了。他的体重不到十四公斤，身材像个两岁的孩子。他喜欢有人抱他或把他放在婴儿车里推着各处走动。他努力学习，甚至已能勉强用调羹吃饭。

1968 年夏天，均祥进了一所小学。我的这个医生说只能活一年左右的儿子，现在居然上学了！我真是高兴得不得了！

均祥在住院时已跟那里的外籍职员学会一些英语，并学会看和写一些简单的字。他入学后很喜欢读书，进步神速。最令我高兴的是，他在学校里交了许多朋友。他非常活跃，坐在轮椅上扣好安全带，参加各项娱乐活动。虽然有时他也曾因身体残疾而难过，但从不显露出来。他甚至会拿自己的缺陷开玩笑。

在家里，两姐弟手足情深。均连帮均祥走动，而均祥则耐心把在学校里学到的教给均连。1975 年，均祥以优良的成绩自小学毕业。毕业后他仍常参加小区活动。有一次他在演唱的歌曲中唱道：“父母爱心柔善像碧月，常在心里问何日报?”我听到这两句歌词时不禁哭了。均连当时坐在我身旁，痴痴地看着我。我紧紧地握住她的手，一句话也说不出来。自均连出世二十多年来，我从未为过去的日子懊悔过。我一天比一天更疼爱均祥和均连。

均祥毕业后不久，我的丈夫不幸去世了。这时大儿子已中学毕业，在政府机构做事。很幸运的是，均连已大有进步，并进入观塘的“世界复康中心”接受职业技能训练。三年后均祥也进入了该中心。我在观塘一所工厂找到了工作，每天我们母子三人一同出门，一同回家，彼此相依为命。

现在均连的工作加上津贴已可养活自己。均祥在一家汽车公司当助理；我也在这个公司做清洁女工。

有个星期天我想去市场买菜，于是叫均连送均祥回家。我看着她用婴儿车把弟弟推上坡，心里在想：如今他们已经成为有用、自重的人，上天毕竟是眷顾我的。

（摘自《读者文摘》总第 67 期，作者：〔法国〕摩路瓦）